# 究極のバリアフリー駅をめざして

阪急伊丹駅における大震災から再建までの軌跡

大成出版社

監　修　国土交通省総合政策局交通消費者行政課
編著・発行　交通エコロジー・モビリティ財団

再建後の阪急伊丹駅駅ビル「リータ」

全壊した阪急伊丹駅

東側駅前広場全景

歩行者優先道路

ペデストリアンデッキ

障害者対応型トイレ

緊急避難用スロープ

誘導用ブロック試験

通り抜け型車いす対応エレベーター

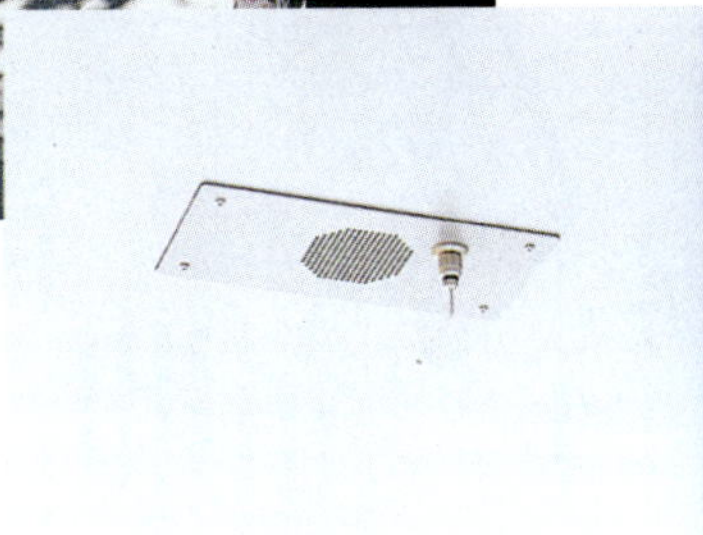

ペンダント・磁気杖併用音声誘導

誘導用ブロック（音声誘導連動）

駅ビル竣工式

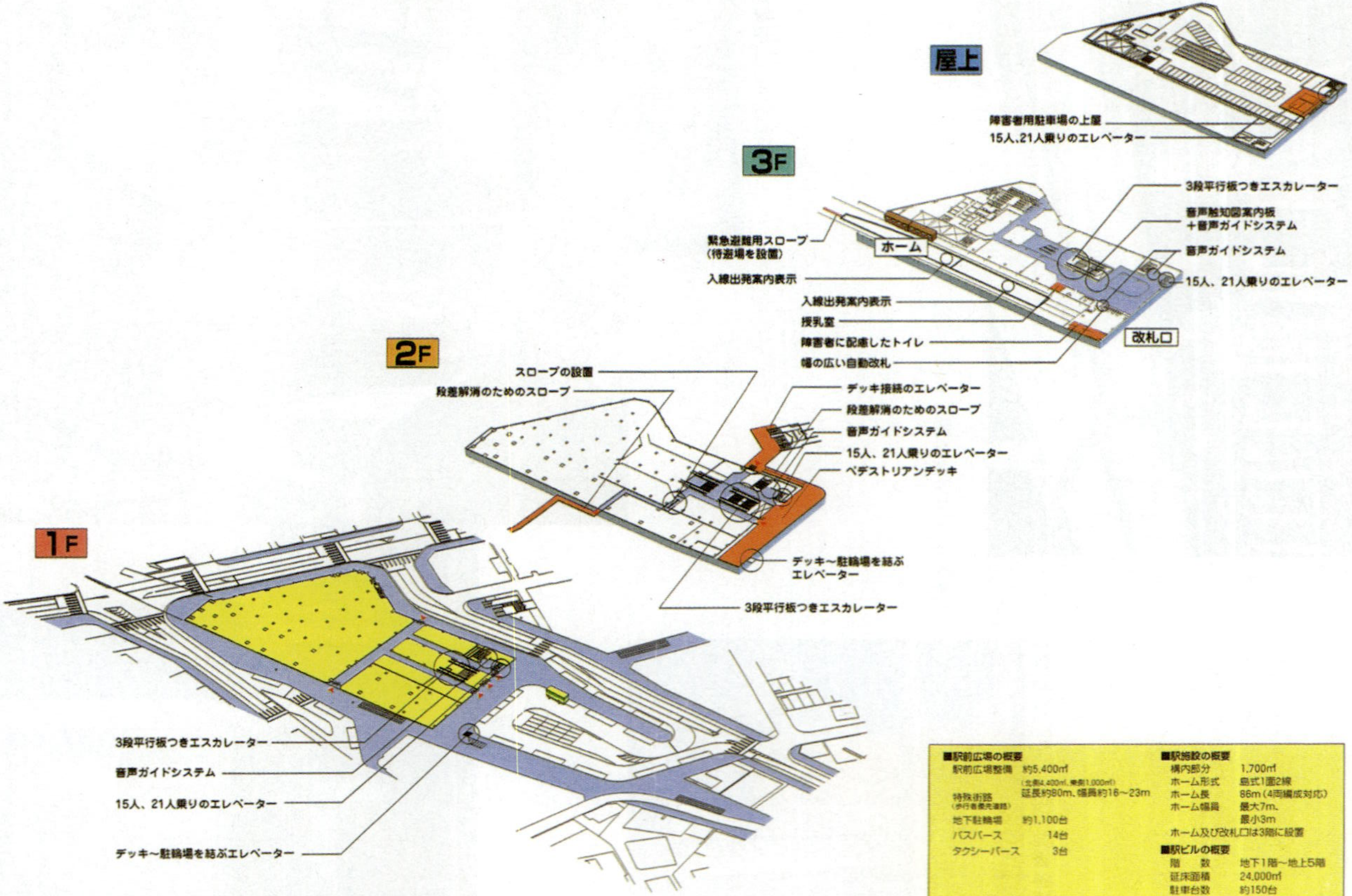


| | | | |
|---|---|---|---|
| ■駅前広場の概要 | | ■駅施設の概要 | |
| 駅前広場整備 | 約5,400㎡<br>(北側4,400㎡、東側1,000㎡) | 構内部分 | 1,700㎡ |
| 特殊街路<br>(歩行者優先道路) | 延長約80m、幅員約16～23m | ホーム形式 | 島式1面2線 |
| | | ホーム長 | 86m（4両編成対応） |
| | | ホーム幅員 | 最大7m、<br>最小3m |
| 地下駐輪場 | 約1,100台 | ホーム及び改札口は3階に設置 | |
| バスバース | 14台 | | |
| タクシーバース | 3台 | ■駅ビルの概要 | |
| | | 階　　数 | 地下1階～地上5階 |
| | | 延床面積 | 24,000㎡ |
| | | 駐車台数 | 約150台 |

阪急伊丹駅におけるバリアフリー施設

# 発刊にあたって

交通エコロジー・モビリティ財団　理事長　金丸　純一

このたび、この本を公にすることができることとなりました。当財団にとって、本当に嬉しいことです。

私どもの財団が発足してまもなく起きた阪神・淡路大震災、当財団の初めての大事業として、その復興に手をお貸しする、それも、当財団の事業目的とする、バリアフリーのモデル・ターミナルを作るお手伝いをするという形で、全壊した阪急伊丹駅の再建計画（バリアフリー化）が進められることとなりました。画期的であったと自負する最大の点は、障害を持つ方々をはじめ、利用者の方々が計画段階から参加し、その意見を参考にして駅造りを進めようという試みがなされたことです。利用者参加が計画段階はもとより、建設中の段階、そして施設完成後の評価の段階まで貫かれ、利用者の方々のご意見が駅造りに活かされている、という点で阪急伊丹駅は大きな意義を残したものと考えています。また、この駅の再建に当たっては、市の事業である駅前広場の整備と合わせ、地下の駐輪場等から駅構内までに至る移動経路にバリアフリー化が図られたという点で、いわば街造りとターミナルの建設が交通バリアフリーの観点から総合的・意識的に計画された、ということも特筆すべき点と考えられます。

当事者参加、ということは、言うは易くしてなかなか実施することは困難であると思います。それが、なぜ、阪急伊丹駅で可能であったのか。また、実際に協議を重ねていくなかで、市当局、鉄道事業者、利用者がそれぞれどのような問題に直面し、それを解決していったのか、私達はそれがこのプロジェクトの最大の教訓になると考えました。関係者の記憶が定かなうちに、散逸しないうちに、ということで、一昨年冬、夜の空き時間を使用し、この問題を指導された三星先生をはじめとした関係者が一堂に会し、座談会という形式でその体験談を語る会が開かれました。当時の状況ではその内容を公開できるとは想定できず、後々の参考になるよう非公式に記録しておこう、ということでありましたが、予定した時間では足りず、守衛さんに早く終えるよう催促されながら白熱した思い出話が繰り広げられました。関係者のこの熱意と、関係者の方々の間に醸成された相互信頼の深さが、このプロジェクトの原動力であった、と改めて実感した夜でした。

ご承知のとおり、昨年、交通バリアフリー法が国会満場一致のもと可決・成立し、施行されたところです。この法律により、公共交通事業者に対し、一定規模以上の旅客施設の新設や大改良を行う場合、車両等の導入を行う場合に移動円滑化のために必要な基準に適合させることが義務づけられ、これにより、今後、急速に公共交通のバリアフリー化が進むことが期待され、いよいよわが国にも本格的な交通バリアフリーの時代が拓かれようとしています。しかし、この法律の画期的な点は、市町村が、多数の旅客が利用する鉄道駅等の旅客施設を中心とした地区について、移動円滑化のための事業の重点的かつ一体的な推進に関する基本構想を作成することができることとした点であり、この基本構想が作成されたときは、関係する公共交通事業者（旅客施設のバリアフリー化）、道路管理者（道路のバリアフリー化）及び都道府県公安委員会（信号・標識等、違法駐車防止）は、この基本構想に即してそれぞれの事業を実施するという制度が新設されたことです。この、住民の福祉を実現していく、住民に最も近い行政主体である市町村が、交通バリアフリーを街造りとして一体的に推進していく仕組みができた、という点がこの法律の大きな特色でしょう。そして、この基本構想の策定等に際しては、高齢者、身体障害者等をはじめとした関係者の意見を幅広く聴取し、反映することが国会審議の過程で求められ、基本構想策定のガイドラインとなる四省庁の「移動円滑化の促進に関する基本方針」においても「公共交通機関を利用する当事者である高齢者、身体障害者等をはじめ関係者の参画により、関係者の意見が基本構想に十分反映されるよう努める」ことが明記されました。

住み良い、使いやすい、交通バリアフリーの街造りが、交通ターミナルを中心として進んでいくかどうかは、この市町村が作成される基本構想によるところが大きく、その成否は、この基本構想の策定過程において、いかに各般の利用者の意見が反映され、取り入れられていくか、いわゆる、利用者参加がその鍵を握る、といっても過言ではないと感じています。このように考えたとき、阪急伊丹駅の経験は、この基本構想作りに関係される方々、関心のある方々にとって、示唆するところが大きいのではないか、と考え、前述した座談会の原稿を骨格に、取りまとめてみたものが、本書です。いささかでも、お役に立てれば、当財団にとりまして望外の喜びです。

このプロジェクトがスタートするかしないかのときに「究極の福祉駅」という言葉が、マスコミによって紹介されたことがあり、本書のタイトルもこの言葉にヒントを得たものです。当時、この言葉で無用のトラブルが起きたようでもありますが究極の福祉駅とは、施設面の充実のみではなく、むしろ、使いやすさを追求する関係者の絶えざる努力と熱意の中にある、という意味を込め、伊丹市、阪急電鉄株式会社、阪急伊丹駅アメニティターミナル整備検討委員会に参画していただいた学識経験者、利用者の方々をはじめとした関係者の方々に捧げる言葉として、使用させていただきたい、と思います。

終わりになりますが、本プロジェクトは、神戸旅客船ターミナルの再建と併せ、日本財団の助成金によってはじめて実施が可能となったものであり、深く感謝する次第です。

# 阪急伊丹駅アメニティターミナル事業の先駆的意義

日本財団　常務理事　寺島　紘士

20世紀後半の経済、社会の発展に交通の果たした役割は大きい。人流で言えば、新幹線、航空、都市鉄道そしてマイカーが人々の移動可能性を飛躍的に高めた。

ところが気がついてみると、このようにして出来上がった高度移動社会では、障害者、高齢者等の移動のハンディキャップは前よりも大きくなっていた。例えば、都市の鉄道駅は、高架化、地下化、施設の増設等で構造が複雑化して乗り換えが困難になるとともに、階段の上り下りが多くなって足の不自由な人々を悩ませている。また、駅と駅前広場、道路との間の連携も往々にして移動制約者への配慮を欠いている。せっかく交通網が発達し、移動可能性が向上しても障害者、高齢者にはそれを使えないことが多いのである。

今わが国では高齢化と少子化が同時進行している。一九九七年からは、六十五歳以上の高齢者の割合が十五歳未満の子供を上回るようになってきた。どのように暮らしやすい高齢化社会を作っていくかはこれからの重要なテーマである。また、近年、障害者の自立と自由な社会参加が可能となるように、これを妨げている障害の除去が強く求められるようになってきた。これらを受けて、交通の分野でもバリアフリー化への取組みが大きな流れとなっており、特に多数の人々が利用する鉄道駅のバリアフリー化に関心が集まっている。

そのような中で、平成七年一月の阪神・淡路大震災で全壊し、その後バリアフリー駅として駅前広場と一体として再建された阪急伊丹駅が、高齢者、障害者を含む市民並びに学者、運輸・福祉関係者等から高い評価を受けている。この事業を支援し、当初からその推移を見てきた者として誠にご同慶の至りである。

実はこれより前、平成五年ごろから、交通ターミナルのバリアフリー化、鉄道駅のエレベーター、エスカレーター等の整備などについて障害者団体から要望を受けて、運輸省（現国土交通省）の主導のもとに交通のバリアフリー化に取組む仕組みづくりが検討された結果、平成六年九月末に交通エコロジー・モビリティ財団（当時㈶交通アメニティ推進機構。以下『財団』という。）が設立された。

日本財団は、運輸省や設立されたばかりの財団からの支援要請をうけて、この財団の行う事業に対する支援のあり方を検討し、その結果、鉄道駅のエレベーター、エスカレーターの整備だけでなく、高齢化・福祉社会の実現に向けて交通ターミナル内及びターミナルと街との間の移動円滑化の実現を図る必要があると考え、快適な移動に配慮した交通ターミナルづくりのモデル事業を実施することを提案した。これが財団、運輸省との協議を経てアメニティターミナル整備事業となっていったのである。

当初私たちは、このモデル事業の対象となる鉄道駅として郊外の鉄道新線の駅か既設線の新駅を予想していた。都市の既設の駅をバリアフリー化する方がその効果は大きい、がそれは経費、作業面から見てほとんど不可能であると思っていた。ところが、平成七年一月に阪神・淡路大震災が起きて阪急伊丹駅が全壊し、思いがけずその再建をバリアフリーを追究するモデル駅として行うという案が出てきた。天災にくじけず、これを福祉に転じようとする知恵であるが、モデル事業として願ったりであった。

平成六年九月末財団が設立された後の僅か一年ばかりの間に起こった主なできごとを追ってみると、アメニティターミナル整備事業スタート、阪神・淡路大震災発生と阪急伊丹駅全壊、日本財団から事業基金拠出、伊丹市の障害者関係団体がバリアフリー駅化を要望、財団が阪急伊丹駅をモデル駅に選定、伊丹市長『高齢者や障害者を含むすべての市民にとって利用しやすい全国のバリアフリー化のモデルとなるような整備を目指す』と表明、と展開する。事態の急速な進展には、今振り返ってみてもただ驚くばかりである。たまたま伊丹市が競艇事業の施行者であったことも含めて、なにか人知を越えた大きな力が働いていたように感じる。

平成八年度に着工された阪急伊丹駅アメニティターミナル事業は、伊丹市、阪急電鉄株式会社をはじめとする関係者のご尽力により、平成十年十一月阪急伊丹駅、昨年十一月駅前広場がそれぞれ完成し、現在多くの人々に利用されている。振り返ってみるとこの事業には、行政、鉄道事業者以外にも学者、障害者、財団など多くの人々がそれぞれの立場で参画している。この事業の成功は、それらの人々が時に厳しい議論を闘わせながらも、利用者が望む新しいタイプの駅を建設するという共通の目標に向かって力を結集してきたことに負うところが大きいと考える。

中でも特筆すべきは、伊丹市の障害者の方々が計画段階から熱心に参画したことである。私たち日本財団は、アメニティターミナルの実現には高齢者、障害者を含む利用者の生の声を反映することが不可欠だと考えていたので、この事業を支援するに当たって財団をはじめ関係者にこのことを強くお願いしていたが、それとても障害者等の利用者サイドからの自発的、建設的な盛り上がりがなければ絵に画いた餅になりかねない。幸い伊丹市では、障害者の中からこのことを自分たちの問題として深い関心を持つ方々が多数参画して献身的に活動していただいた。このことが、これを真摯に受け止め、事業に反映させるよう最大限の努力を惜しまなかった行政、鉄道関係者の対応とあいまって、良い結果を生むこととなった。そのことに改めて感謝したい。

言うまでもなく、今回の交通バリアフリー化の取組みに交通エコロジー・モビリテイ財団が果たした役割は大きい。この分野の情報、ノウハウを持ち、かつ、必要に応じて関係者をコーディネイトし、さらに、資金援助もするというこの財団の存在がこの取組みを大きくサポートし、良い結果に導いた。昨年十一月、交通バリアフリー法が施行されたが、今回の阪急伊丹駅のバリアフリー化の取組みにおいて発揮されたような財団の活動に対する期待は益々大きくなっていくだろう。財団が今後の交通バリアフリー化の実践の中で皆から頼りにされる存在になっていくことを期待したい。

この阪急伊丹駅アメニティターミナル事業は、これが交通バリアフリーの『モデル駅』であることを考えれば、出来上がった駅ばかりでなく、それを実現させたプロセスもまた『モデル』として大きな価値を持っていると考える。この度交通エコロジー・モビリティ財団がこの点に着目して本書の出版を企画したことに敬意を表したい。行政、鉄道関係者並びに高齢者、障害者を含む利用者その他これから自分たちの周辺の駅のバリアフリー化に取組もうとしている人々に大変有益なノウハウを提供することが出来ると思われる。

阪急伊丹駅を跳躍のワンステップとして、鉄道駅をはじめ交通ターミナルのバリアフリー化が一段と進展することを期待するとともに、日本財団が今後ともこのような先駆的、モデル的事業に貢献できることを願っている。

# 目次

グラビアカラー

## まえがき

発刊にあたって ―― 交通エコロジー・モビリティ財団　理事長　金丸　純一

阪急伊丹駅アメニティターミナル事業の先駆的意義 ―― 日本財団　常務理事　寺島　紘士

## 第1章　すべての人に使いやすい駅をつくるために　1

1　アメニティターミナルの思想と計画論 ―― 近畿大学教授　三星　昭宏　3

2　阪急伊丹駅アメニティターミナルにおけるバリアフリー施設の設計 ―― 摂南大学教授　田中　直人　9

3　交通エコモ財団におけるアメニティターミナル推進事業と阪急伊丹駅 ―― アトム運輸　副社長　寺島　清　19

## 第2章 利用者参加の仕組みがバリアフリー駅を実現させた 31

1 アメニティターミナル委員会に参画して 伊丹市身体障害者福祉連合会 事務局長 中川 次郎 33

2 利用者、障害者の参画が伊丹駅を変えた 伊丹市肢体障害者協会 車椅子部会 会長 加藤 作子 39

3 阪急伊丹駅の再建に参加して 「障害者」とともにバリアフリーを考える伊丹市民の会 坂元 和美 45

## 第3章 鉄道事業者にとっての人にやさしい駅づくり 53

1 伊丹駅におけるアメニティターミナル整備事業の推進と当社のバリアフリー化への取組み 阪急電鉄鉄道事業本部鉄道計画室 神谷 昌平 55

## 第4章 伊丹市におけるアメニティターミナル整備の推進 73

1 阪急伊丹駅の震災復興と駅前広場の整備 伊丹市水道局 次長 濱片 正晴 75

2　当事者参加プロジェクトへの論点——伊丹市総務部人事管理室長　中村　喜純——94

座談会　阪急伊丹駅アメニティターミナル整備事業を振り返って　99

第5章　交通バリアフリー法と阪急伊丹駅アメニティターミナル整備事業　141

1　交通バリアフリー法の概要——国土交通省総合政策局　交通消費者行政課——143
2　本事業と交通バリアフリー法——近畿大学教授　三星　昭宏——149

第6章　阪急伊丹駅のバリアフリー駅としての事後評価　155

1　事後評価ワーキンググループの検討結果から——近畿大学教授　三星　昭宏——157
2　バリアフリーデザイン達成度と問題点——東京都立大学大学院教授　秋山　哲男——160
3　障害のある当事者として見た、伊丹駅の「参画」——一級建築士事務所　アクセス　プロジェクト　川内　美彦——171

4　鉄道駅のやさしさ評価から見た阪急伊丹駅――公共交通ターミナルやさしさ評価委員会　委員長代理　藤井　彌太郎――177
5　完成後の事後評価はどうであったか――日建設計環境計画事務所　児玉　健――188

## 第7章　地元の声から　193

1　阪急伊丹駅アメニティターミナル竣工のお祝いと感想――伊丹市老人クラブ連合会　会長　小川　勁二――195
2　待望のバリアフリー駅ができました――伊丹市視力障害者協会　副会長兼婦人部長　大田　美代子――199
3　ハートフルプラザから愛メールの送信――伊丹市社会福祉協議会　前田　昌司――202

## 資　料　アンケートの概要　209

阪急伊丹駅復興にかかるアンケート等――伊丹市身体障害者福祉連合会――211
「障害者」とともにバリアフリーを考える伊丹市民の会――225
事後評価アンケート結果――228

## あとがき

すべてにやさしいまちづくりに向けて ―― 伊丹市長
―阪急伊丹駅及び周辺整備事業― 松下　勉
―阪急伊丹駅再建を振り返る― ―― 阪急電鉄株式会社　代表取締役社長
すべての人にやさしい鉄道を目指して ―― 大橋　太朗
―阪急伊丹駅再建を振り返る― ―― 伊丹市身体障害者福祉連合会　会長
みんなにやさしい駅とまち 吉原　勝

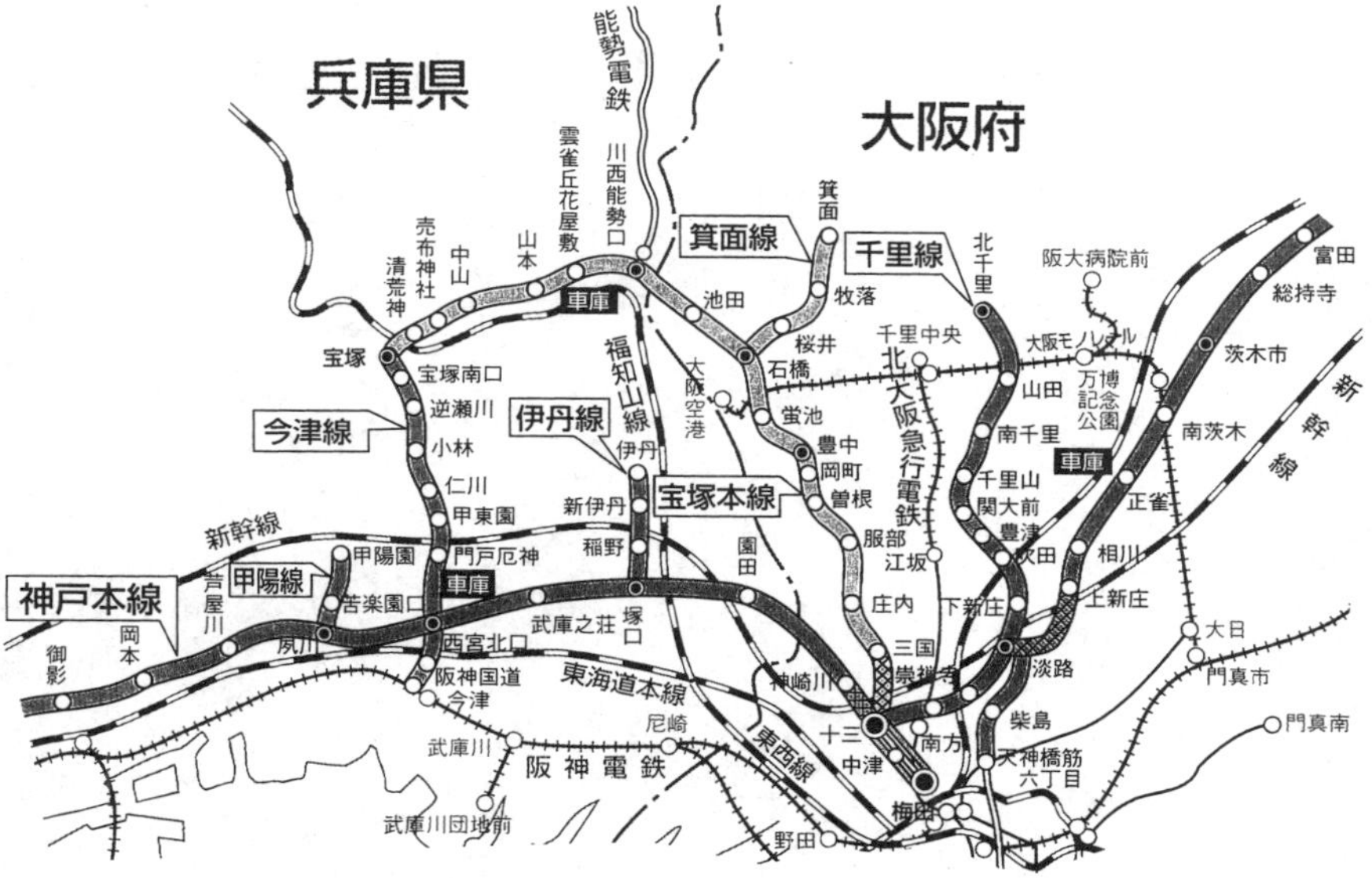


伊丹周辺鉄道路線図

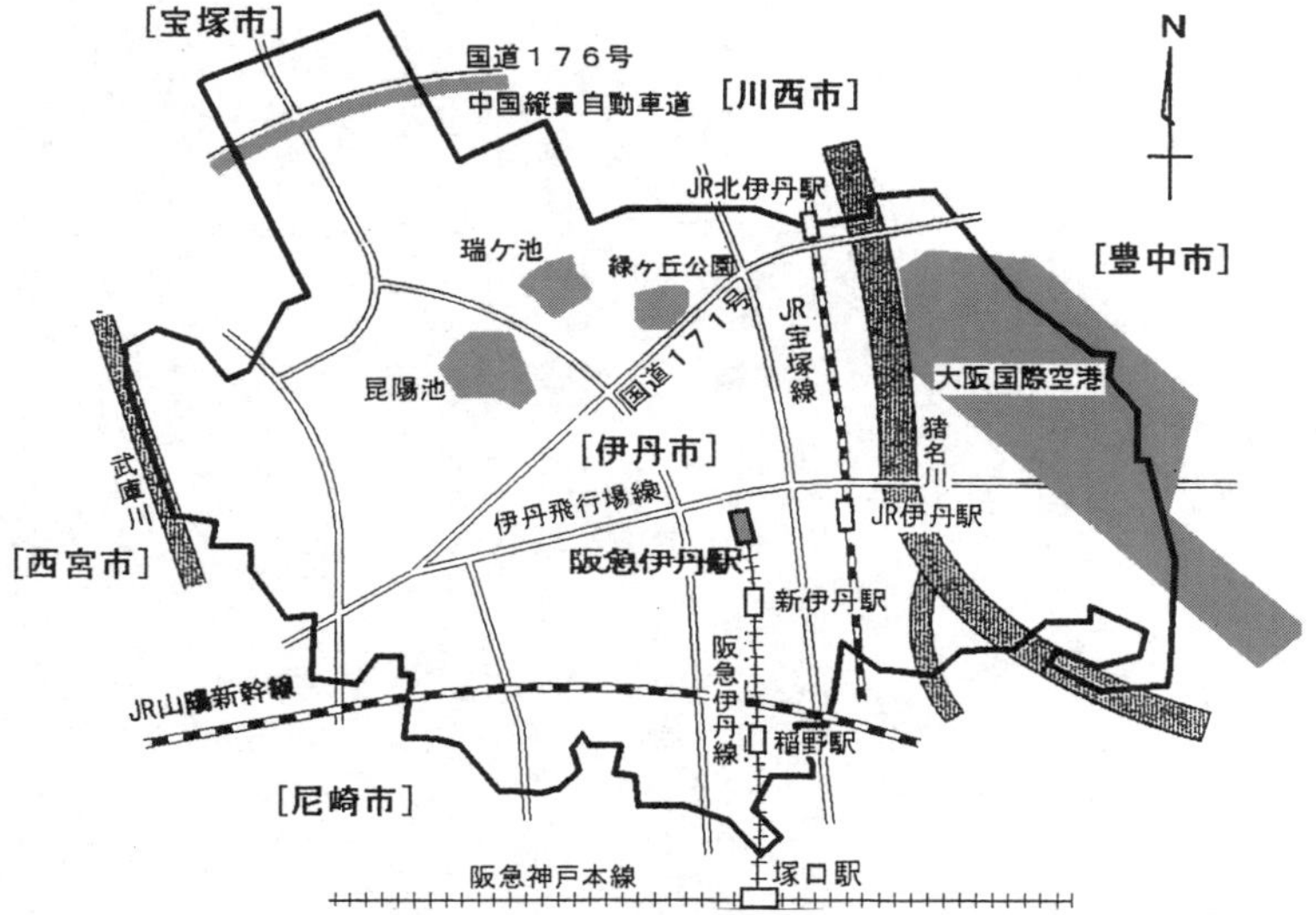


伊丹市周辺図

# 第１章

## すべての人に使いやすい駅をつくるために

# 第1章　1

# アメニティターミナルの思想と計画論

近畿大学理工学部土木工学科教授　三星　昭宏

だれでも怪我や病気におそわれない保証はない。平時であっても疲れているとか、重い荷物をもったりするときはそれを考慮していない施設は移動するのがつらいものである。皆が元気よく外出することで社会の活性を得、長生きできるよう支援する社会システム、とくにその基盤となる施設を作れないものか。とくに、高齢者や障害者がその身体的なハンディ無く通常の生活と労働を行えるようなまちづくりが行えないものか。

このような問題意識を発展させてゆくと、いわゆるノーマライゼーション思想がその根底にあることに気づく。「アメニティターミナル」は、高齢者・障害者を中心としたノーマライゼーションと、すべての人に快適な空間を与えるユニバーサルデザインをもとに、従来ありがちな「平均的人間」のみを対象とした駅舎づくりから脱却して、キメ細かいひとりひとりの快適性を追求した駅舎をあらわす表現として用いられる。

地域や都市のバリアフリーが今進展しつつある。最近では計画・設計思想として、誰でも利用できるユニバーサルデザインが論議されている。先に交通バリアフリー法が成立し、公共的建築物のハートビル法、福祉のまちづくり条例類や国の設計指針類が出そろってきたが、それらの多くは、修復型で「パッチワーク」的であったり、新規施設でも施設の個別設計要素の設計指針が示されるものであり、現状対応から一歩出て、バリアフリー自体を設計の目標に取り入れたり、面的・広域的にバリアフリーを計画システムの根幹として据えたりすることはこれからの課題として残されている。それらの集成としてのユニバーサルデザインについては、その概念自体を論議している段階である。

このようなユニバーサルデザインを目指し、すべての人にやさしい駅づくりを目指したのがこの阪急伊丹駅である。ちなみに本書のタイトルは「究極のバリアフリー駅をめざして」である。右記のように事業名の「アメニティターミナル」と「バリアフリー駅」は厳密には異なる点があるが、「交通バリアフリー法」に先立って、設計の目標にバリアフリーを取り入れた事例としての意義を重視してタイトルとしたものであり、本書においては両者を読みかえていただいてさしつかえない。

阪急伊丹駅は、現在の「福祉のまちづくり」のレベルから一歩出ようとする試みであり、内容の新しさとともに、住民参加・当事者参加を基本に据えていることが特徴である。阪急伊丹駅に先だって、その整備検討委員会の委員長・副委員長を同じくする神戸の中突堤船客ターミナルの事例も、新設のターミナル施設をユニバーサルデザインのコンセプトで当事者参加で行ったものである。このふたつは対になるものであり、阪急伊丹駅は後の分だけより細かな工夫が行われているといえる。

その駅舎と駅前広場の特徴は以下のように要約される。

①エレベーター、エスカレータ、階段の三つを主動線とし、吹き抜けの空間で位置をわかりやすくした。エレベーターはこのクラスとして用いられるものより大型の十五人乗り、二十一人乗りを二基配した。

② 駅舎部分のバリアフリーに努め、とくに情報については中突堤と同じ磁気シール自動感応式音声ガイドシステムを導入した。音声ガイドについては干渉や混乱について他駅で実験を行った。

③ その他細かい工夫を行った。たとえば伊丹駅は終端駅であり、駅舎と反対方向のホームの端からスロープにより線路に下りて緊急時に車いすが線路上にも避難できるようにした。

④ バリアフリーを物理的に保証することを基本としつつ、一方人手によるキメ細かいサービスも確保するようにした。これは総合案内板にインターホンを設け福祉団体のボランティアとつながることで達成した。

阪急伊丹駅では計画・設計に先だって当事者参加の委員会を作り、事業者が主体的に計画と設計にユニバーサルデザインを取り入れる姿勢を持った。委員会は市民当事者、行政、事業者、大学関係者（筆者ら）およびコンサルタントで構成され、利用者と専門家については委員参加だけでなく広範なヒアリングとアンケートを行った。上記の工夫の多くはその産物である。当事者には障害者が複数以上含まれた。

当初はすれ違う論議も多々あった。障害者は自分の立場から要求を曲げず、事業者はしばしば、技術的・空間的・予算的制約からその要求を満たすことは困難として対立した。ここまでは他の事例でも話し合われることもあるが、今回はその対立点について、障害者は専門的知識を学習し、事業者はその要求の意味と必要性を具体的に理解しようと努めた。ねばり強い委員会とワーキングの議論の中で多くの問題解決が図られ、中にはこれまで思いつかなかったアイディアも設計に取り入れられた。また今回解決できない問題の原因も明確にされた。障害者はこの議論を関係する団体に持ち帰り、広範な論議を積み重ね、不満や問題点を残しながらも幅広い合意形成が行われたといってよい。

この過程の中で筆者ら研究者とコンサルタントも重要な役割を果たした。障害者の要求や事業者の技術的困難について、簡単に肯定することなく、問題が図られるよう整理し、知恵を絞った。なるべく一方の立場でただちに評価を下すことを避け、ねばり強く考え、話し合う方向で協力した。また、問題の最終段階では両者の間の調整の役割も果たした。

このように、計画者・設計者はとにかく「考えて工夫する」ことを行い、障害者は要件を明確にするとともに計画や設計を学んで同じく「考える」ことを行った。委員会も終盤になるにしたがい議論の密度は濃くなった。また事後に整備委員会は、事後評価を行っている。今後この方法の普及がユニバーサルデザインにおいて不可欠であるように思われる。設計者だけでは多様なニーズとその意味をとらえきれないものであり、当事者参加は工夫の源泉であるからである。高度な技術的側面とクリアなニーズを統合させて設計することは技術者の否定ではなく、進歩の源泉と考える。

この過程で得られた教訓をキーワードとして以下に記す。

① 当事者参加が必要な理由

・多様なニーズ、・五官的ニーズ、・サービスの質向上、・広範な合意形成、当事者の技術知識、・計画者設計者の当事者知識

② 当事者参加の方法

・計画設計への直接参加、・アンケート、・ヒアリング、・構想から事後評価までの当事者参加、・ワークショップや交通実験への参加、・パブリックインボルブメントの諸方

法、・インターネットの活用（今回は実施できなかった）

③ 当事者理解の工夫

・アンケート等諸調査、・高齢者障害者体験プログラム、・討論と学習、マップやデータベースづくり、プレゼンテーションなど

④ 今後の課題

・ニーズの把握法、・代表者の選出、・総合調整、・意思決定の方法、・当事者の専門的知識醸成、・計画設計と評価の区分、・時間スケジュールなど

⑤ 当事者参加で望まれること

・計画者・技術者：技術レベルの向上、模倣ではなく創意工夫する気力と能力、当事者を理解する姿勢

・当事者：自分の要求の明確化、当事者の代表能力、計画や技術を理解する姿勢

・コーディネーター：総合的知識、調整能力、双方からの信頼

## 参考文献

(1) 三星昭宏・新田保次「交通困難者の概念と交通需要について」『土木学会論文集』No.518/Ⅳ-28、1995-7

(2) 清水浩志郎「高齢者・障害者交通研究の意義と今後の展望」『土木学会論文集』No.518/Ⅳ-28、1995-7

(3) 秋山哲男・三星昭宏「障害者・高齢者に配慮した道路の現状と課題」『土木学会論文集』No.502/Ⅴ-25、1994-11

(4) 秋山哲男・三星昭宏編『移動と交通』日本評論社、1997-4
(5) ロナルド・メイス『ユニバーサルデザイン創刊号』1998
(6) 古瀬敏編著『ユニバーサルデザインとはなにか』都市文化社、1998-5
(7) Edeted by Welch, Strategies for Teaching Universal Design, Adaptive Environments Center, pp. 1-12, 1995
(8) 多木浩二『ユニバーサルデザインに物申す』FRONT、1999-2
(9) 『神戸港中突堤アメニティーターミナル整備検討報告書』中突堤アメニティーターミナル整備検討委員会・（財）交通アメニティー推進機構、1996-12
(10) 『阪急伊丹駅アメニティーターミナル整備検討報告書』阪急伊丹駅アメニティーターミナル整備検討委員会・（財）交通エコロジーモビリティー財団、1998-3

# 第1章　2

# 阪急伊丹駅アメニティターミナルにおけるバリアフリー施設の設計

摂南大学工学部建築学科教授　田中　直人

## 一　施設の設計目標

平成七年一月十七日に発生した阪神・淡路大震災で倒壊した阪急伊丹駅（高架下店舗「タミータウン」や銀行等を含む）の再建では、同じ形状の高架駅・高架下店舗の再建だけではなく新しい駅ビルの実現が目指された。すなわち単なる復旧ではなく、二十一世紀までを見据えた震災復興を果たすことが大きな狙いとなった。

設計においては都市計画との整合性の確保が大きなテーマとなり、伊丹市の要請を受けて敷地形状を変更し、新しい駅前広場の計画に協力すると共に広場と一体化した施設の設計を目指すことになった。

震災前は、十分でなかった施設のバリアフリー化を図り、地元利用者代表からの強い要望に応えると共に、高齢者や障害者をはじめすべての人にやさしいアメニティターミナルのモデルの実現を目指すことになった。

## 二 設計を進めるための課題整理

(1) 設計を進める体制

阪急伊丹駅は、交通エコロジー・モビリティ財団がすすめる「アメニティターミナル整備事業」に選定され、伊丹市が建設するペデストリアンデッキと併せて助成を受けている。実施にあたっては、学識経験者、運輸省（現国土交通省）、兵庫県、伊丹市、利用者（高齢者、障害者）代表と阪急電鉄他でアメニティターミナル整備検討委員会を設置し、その意見を設計に反映するという利用者参加型でプロジェクトを進めることになった。

(2) 営業を継続する中での建設を可能とする計画

仮設駅舎や仮設店舗の設置などで営業を休まずに駅ビル竣工を迎える必要があり、仮設施設をどう建設するかが大きな問題点であった。工事中におけるバリアフリーの配慮も重要な課題であった。

(3) コストの削減と景観イメージ

出来る限りのコストの圧縮が求められたので、仕上げ材料の選定はコストのメリハリをつけるとともに、特に内装は安い材料でも色やデザインを工夫して使用した。伊丹の地域環境の景観イメージを考慮した外観デザインが検討された。

(4) 工期の短縮

一日でも早い復興を望む声が強く、設計工程および工期の短縮が求められた。設計工程では、伊丹市やアメニティターミナル整備検討委員会との調整などが大きな課題となった。ビル部分のテナントの多くは、震災で倒壊した高架下店舗および立ち退きとなった駅ビルに入居していたため、新駅ビルの入居場所については調整が難航した。

(5) 駐車施設の整備

従来の高架下店舗ではなかった付置義務駐車場・駐輪場を新たにビル内に設置する必要が生じたため、駐車台数確保のためのカーエレベーターや機械式駐車場、二段式駐輪ラックを採用するなどの施設の充実が求められた。

## 三 設計作業とアメニティターミナル整備検討委員会での対応

(1) アメニティターミナル整備検討委員会の利用者代表により今回の企画実現に向けて要望アンケートが事前に示され、会議出席など利用者参加型の形式的な委員会ではなく、ワーキング協働というかたちでの積極的な参加状況がつくられた。

(2) 検討委員会での数多くの意見をふまえて、可能な限り利用者の要望に添うように配慮された。大きな変更点では階段・エスカレーターの動線やエレベーターの位置の大幅な変更があり、ディテールとしては車いすトイレの詳細に至るまで、検討が加えられた。検討委員会の場以外にも工事中の現地見学会、新しい音声ガイドシステムのデモ、エレベーターの押しボタンの形状の実物での検討などを障害者をはじめとする利用者と直接話し合う場を持ち要望に応える努力が行われた。

(3) 一方、収益性の確保が必要なビル部分の内部まで高いバリアフリー度を求められたが、今回のアメニティターミナル整備事業は駅部分が対象であり、今回のプロジェクトでは限界があったことも事実である。

アメニティターミナル整備事業のモデルとして、各種バリアフリー施設の充実を図るだけではなく、真のアメニティ（快適さ）の高いビルを目指すことが建築的な面での課題であった。具体的な設計においては図1―1に示される整備の基本方針や視点に基づいてターミナルを構成する各施設での配慮が検討された。

## 四 設計上の工夫

以下に具体的な施設の設計で検討された内容を紹介する。

(1)「光のガーデン」をコンセプトにしたわかりやすい動線の実現

基本計画段階から設計を見直すなかで、特に内部空間は「光のガーデン」をコンセプトにして動線を大幅に見直している。最終的なプランでは、一階のメインエントランスから三階の改札口に至る階段・エスカレーターは直線的につながっており、わかりやすい動線を目指している。またこの空間は、三～五階の吹抜けやトップライトにつながっており、駅ビル全体を南北に貫く中心軸として明るく快適な空間の実現を狙っている。階段は中央に大きく設置し、その手すりは二段式としている。

(2)利用者の立場からのエレベーターの位置の変更

当初、エレベーターの位置はビルの中央部の奥まったところにあった。これに対してバリアフリーの建築計画の立

写真1―1　光のガーデン

| 基本方針1：移動しやすいターミナル<br>駅舎、駅前広場、周辺施設における移動の連続性が確保されているターミナルの整備 | 基本方針2：利用しやすいターミナル<br>全ての人が安全・快適にかつ利用しやすいターミナルの整備 | 基本方針3：行きやすいターミナル<br>阪急伊丹駅を中心とした高齢者・障害者のための円滑な交通体系の実現 | 基本方針4：人にやさしいターミナル<br>ソフト面の充実によるアメニティターミナルの実現 |
|---|---|---|---|
| ○デッキ、駅前広場、駅舎内通路における連続性の確保（段差の解消、わかりやすい動線）<br>○周辺の拠点整備、周辺商業施設との連携強化に配慮した整備<br>○使いやすい垂直移動施設（エレベーター、エスカレーター）の整備 | ○視覚　・聴覚障害者に配慮した総合的情報案内システムの整備<br>○使いやすく、わかりやすいトイレ、ベンチ等の施設整備<br>○乗車券等の購入施設の改善 | ○利用しやすいバス、タクシー、自家用車の乗降施設の整備<br>○リフト付バス、超低床バスに対応したバス停の整備<br>○低床バスの拡充 | ○公共交通利用を支援するボランティアの協力体制のあり方<br>○高齢者・障害者の移動に関わる介助のための市民による啓発・教育<br>○ターミナル地区内でのアメニティを確保するための全利用者へのガイドライン<br>・各テナントの看板・商品陳列<br>・路上駐輪の規制<br>・エレベーターの利用方法 |

図1―1　整備の基本方針

場から強く位置の変更を求めた結果、エレベーターについては利用者からわかりやすくするため、駅前広場に面して、シースルーエレベーターを配置することになった。さらに混雑時にも車いす使用者が同時に利用できるかごの大きさとして十五人乗り、二十一人乗りの二基とし、構造的には音声による到着の案内や押しボタンに触知用の凹凸などの配慮も加えられている。

(3) デッキや地下通路を活用したビル内外部で段差解消

駅舎施設のみのバリアフリーではなく、地域社会との関わりを重視し、震災前に高架駅舎二階の東西に接続していた歩行者デッキは、新しくつくり直

写真1－2　エレベーター

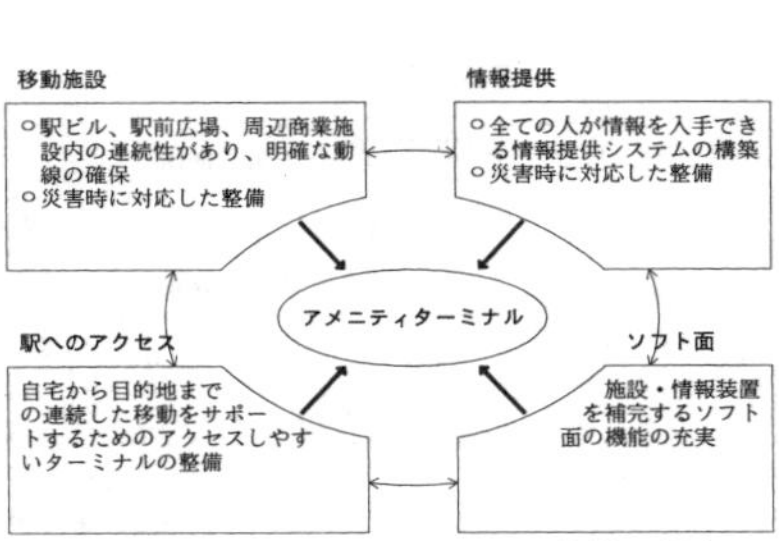


図1－2　アメニティターミナル整備の視点

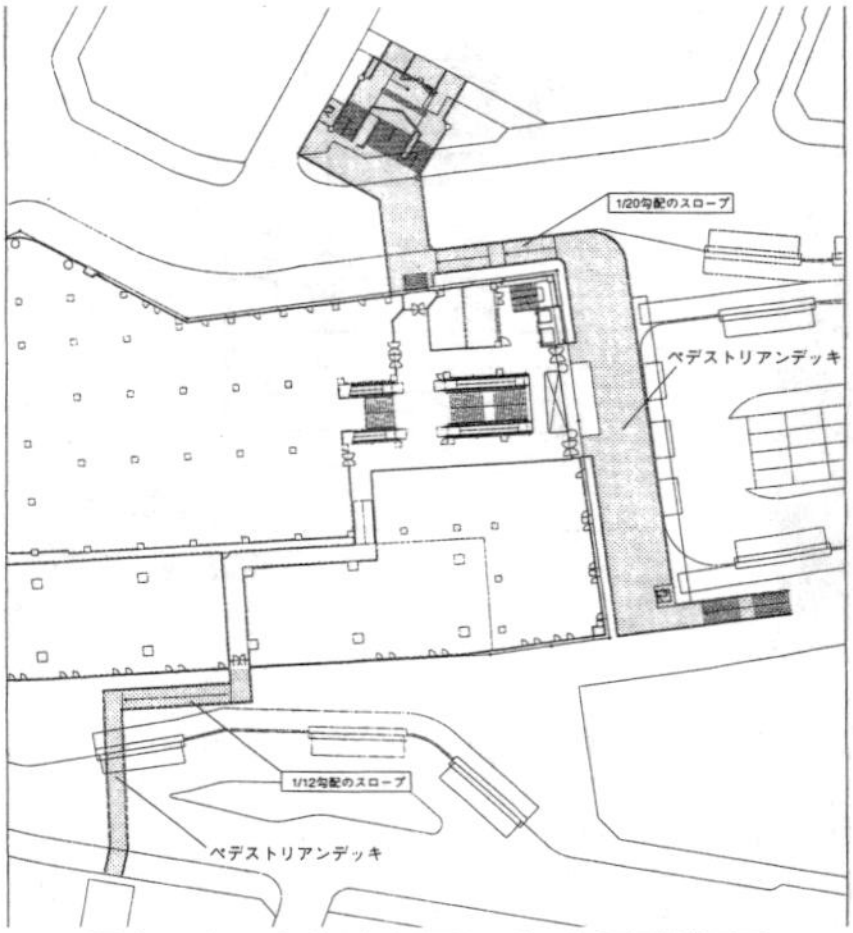


図1－4　ペデストリアンデッキ平面計画図

写真1－3　2階の滞留空間

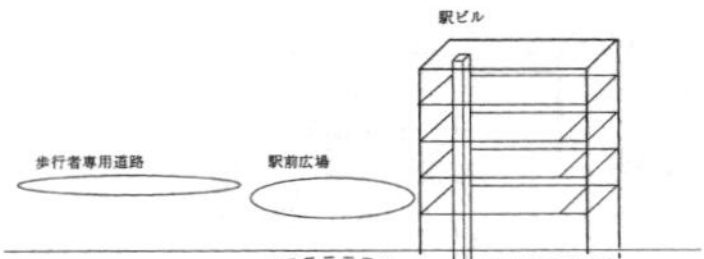


| 施設分類 | 駅前広場 | 駅ビル |
|---|---|---|
| 移動施設 | 駅前広場通路、歩道交差点、バス停、タクシー乗り場 | 建物内通路、階段、斜路エレベーター、エスカレーターホーム上の斜路 |
| 情報施設 | バス停等の情報案内音声ガイドシステム路線図、時刻表 | 情報案内板、案内放送路線案内、時刻表、入線・出発案内、電話、FAX |
| 災害時の避難施設 | | 避難用スロープ |
| 休憩施設等 | ベンチ、便所等 | ベンチ、便所等 |

図1－3　ターミナルを構成する要素

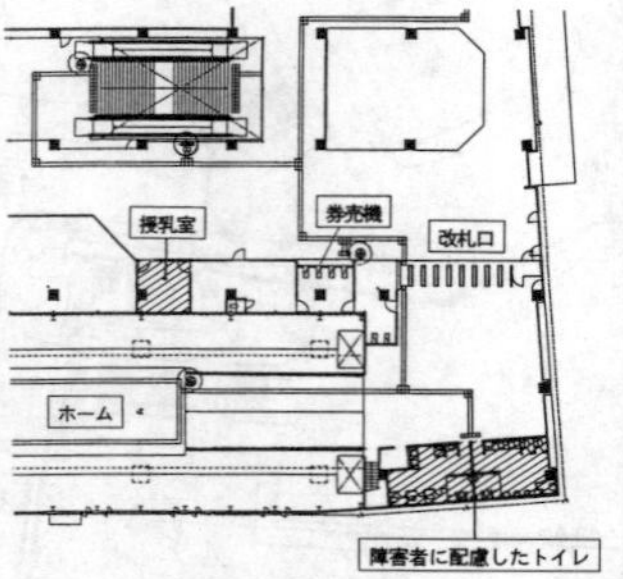

図1－5　授乳室、改札口内トイレの配置

写真1－4　トイレの整備状況

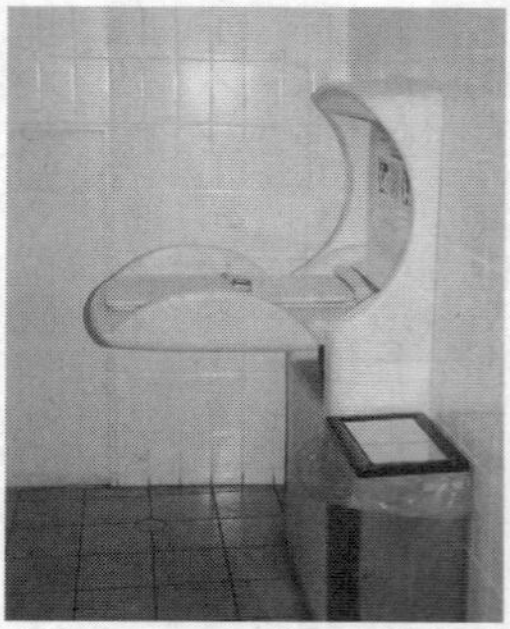
写真1－5　トイレの整備状況

され、ビル内外部で段差解消も図られた。特に西側からのデッキはビル北側の駅前広場正面にも広く取りつけており、ビルとデッキが空間的につながった一体的な利用が可能となった。

駅前広場地下に建設される伊丹市の駐輪場とはビル地下一階部分で接続し、利用者は駅ビル内のエレベーターを利用して直接改札口にアクセスできる。

## (4)　駅ビルの利便施設

車いす使用者、杖使用者、荷物を持った人などが楽に利用できるよう幅広の自動改札口（九五〇ミリメートル）を一基設置している。また、ホームにおいて雨、風への配慮から十分な屋根を設けると共に床の仕上げを滑りにくいも

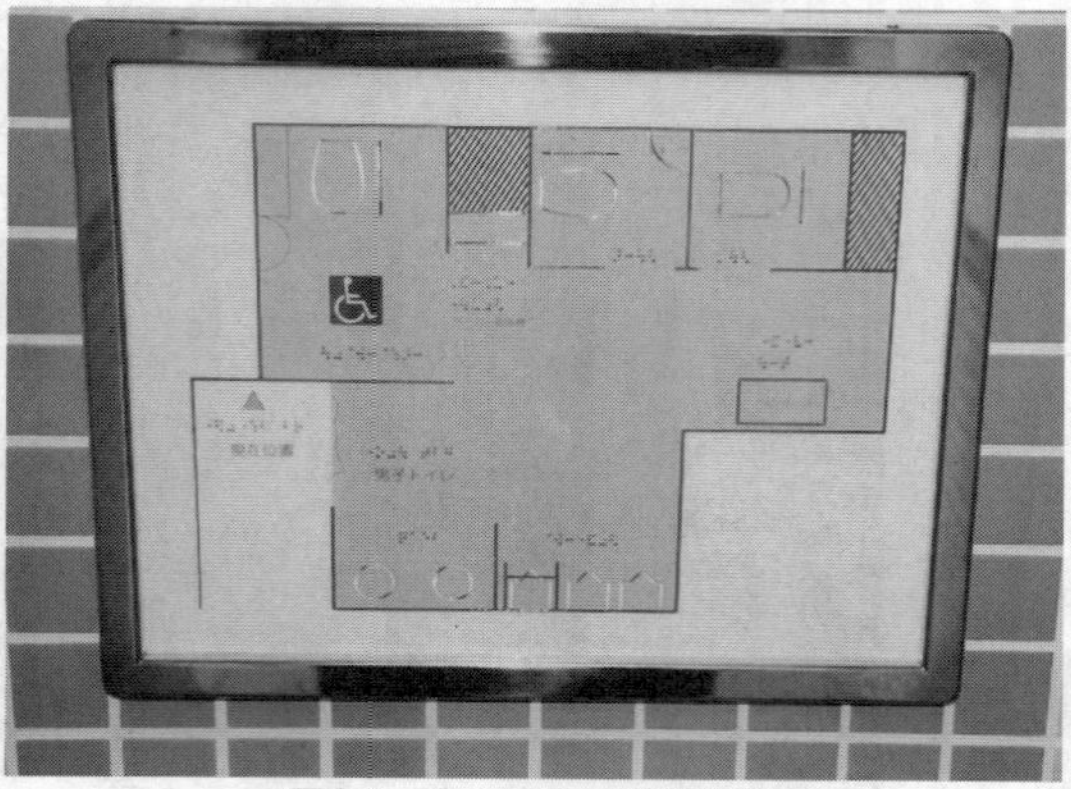
写真1－6　トイレの整備状況

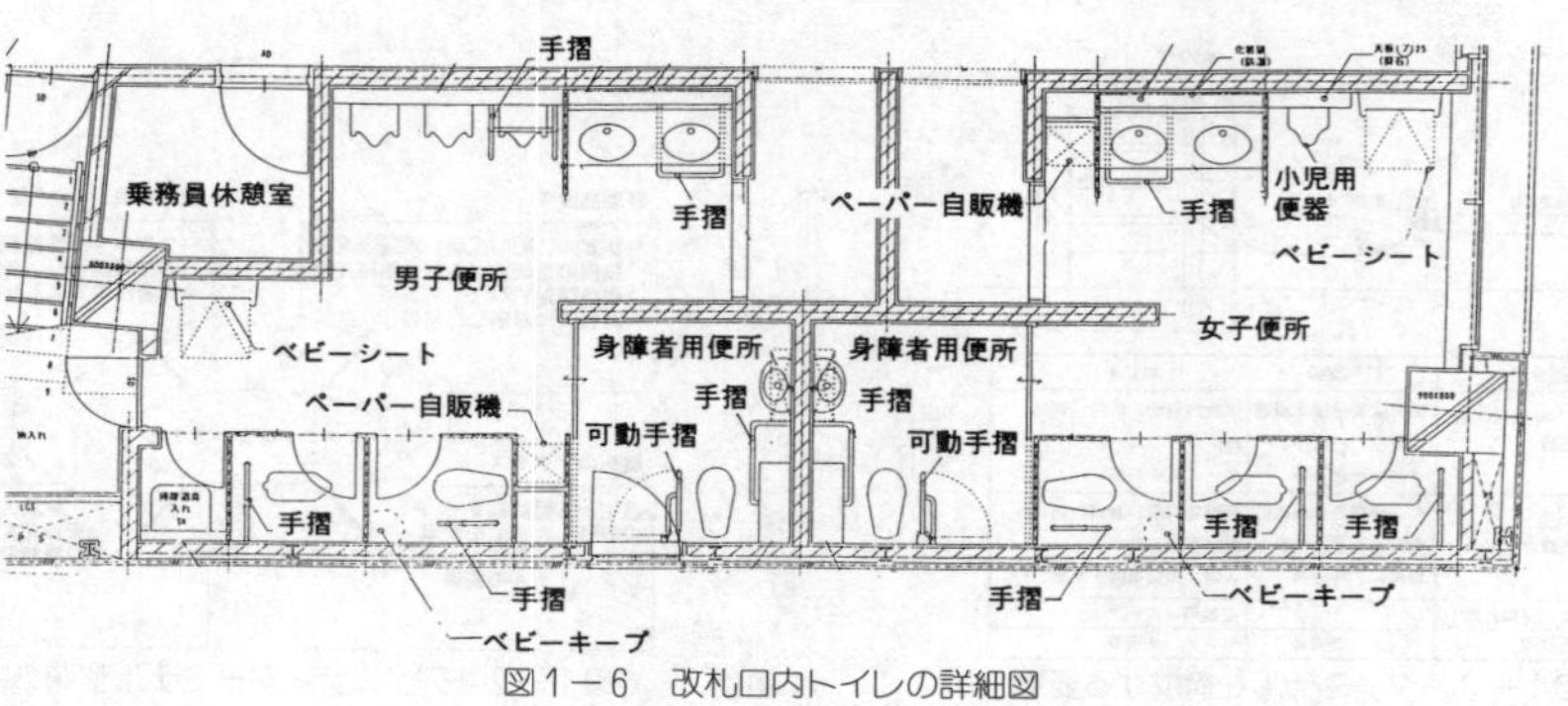

図1－6　改札口内トイレの詳細図

のとして表面の仕上げや素材の工夫を行っている。なお、検討段階では「ホームドア方式」の導入が提案されたが、課題が本施設のみの検討にとどまらないので今回の設計では採用されなかった。

トイレについては数多くの要望が出され、これまでのトイレに関する設計条件に加えて利用者からの意見から設備が追加された。トイレの配置については三階の駅構内外に設け、ベビーキープやベビーシートを備えることとした。さらに授乳室を三階駅務室横に設置することにした。

屋上の駐車場においては利用者の強い要望から、駐車スペースと出入り口に屋根を設けて雨天時の利用を考慮した。

(5) ソフト面での連携を持った施

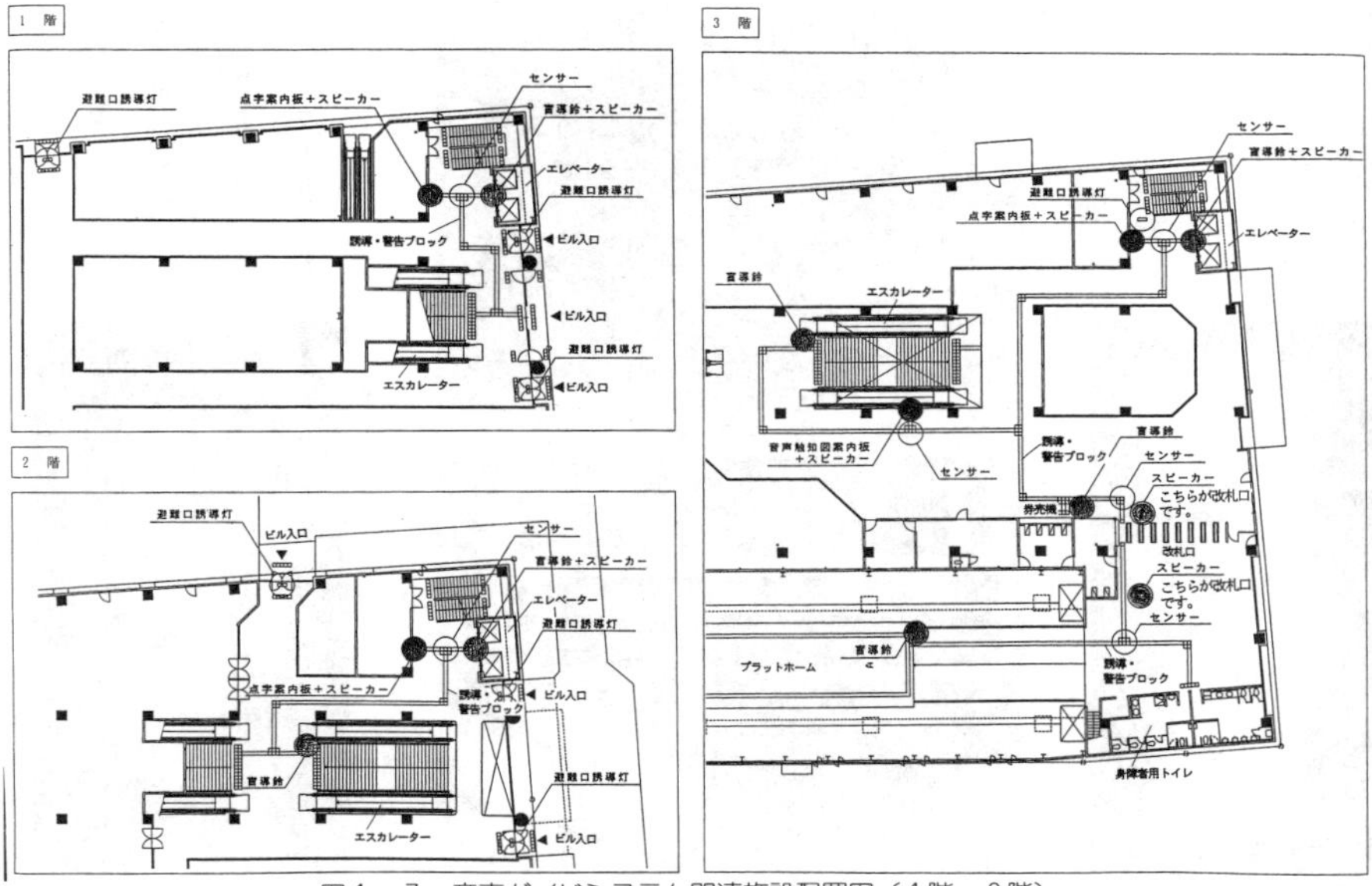


図1−7　音声ガイドシステム関連施設配置図（1階〜3階）

写真1−8　伊丹市ハートフルプラザ

写真1−7　屋上駐車場の屋根

設

三階にある伊丹市ハートフルプラザは、駅ビル内で利用可能な音声ガイドシステムに反応する磁気シールを無償で配布している他、音声付点字案内板でもインターホンを通じて会話ができ、駅ビルとソフト面での連携を持った施設となっている。

(6) 情報案内

視覚障害者や聴覚障害者をはじめ多くの利用者に必要なさまざまな案内情報の伝達システムが検討され導入された。

(7) 非常時の対応デザイン

なお、本建物は震災復興プロジェクトとして耐震性能の向上をめざし、オイルダンパーによる制震構造を採用した。これにより建物の変形を二十パーセント程度減少でき、阪神・淡路大震災程度の地震でも十分な構造安全性を確保している。制震装置はビル内数ヶ所に設置されているが、そのうちの一ヶ所はガラス窓を設けて自由に見られるようにし安心感のPRに

写真1－9　音声触知図案内板

写真1－10　誘導・警告ブロック

写真1－11　ホームでの案内表示

写真1－13　1階時刻表

写真1－12　点字案内板・運賃表

写真1－14　緊急避難用スロープ

努めている。耐震性能を向上させた安全性の確保で非常時においても安心して使用できるバリアフリー施設の実現をめざしている。

今回のプロジェクトで特筆すべき試みとなったものにホームからの緊急避難用スロープがある。既存の基準だけでは実現しないものであるが利用者からの強い要請で実現したものである。

## 五　アメニティターミナルの実現へ向けてのバリアフリー設計に関わる課題

(1)　これまでのバリアフリーは単なる物理的構造の対応に終始することが多かった。今後は物理的構造だけでなく、利用者に対する各種のサービスの充実がより重要である。

(2)　今回導入したような当事者参加のプログラムは計画段階のみならず供用開始以降についても重要であり、これによる各種のニーズの反映及び評価が図られる必要がある。

(3)　高齢者及び障害者を中心とした当事者のニーズを反映するとしても、より広範な障害者層および健常者などの一般利用法のニーズと矛盾しない計画方法を確立する必要がある。

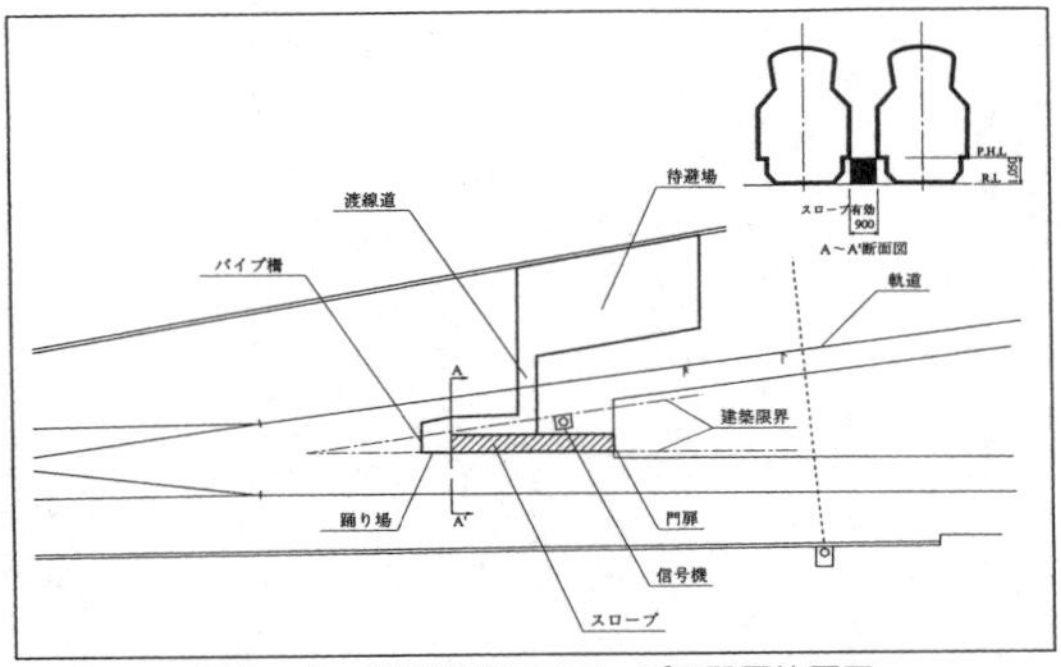

図1－8　緊急避難用スロープの設置位置図

## 六 おわりに

阪急伊丹駅の再建には随分と多くの人たちの参加、協力があった。とりわけ具体的な建築計画や設計を担当する立場の方々からの具体的な提案がなければ実現しないことが多かった。多くの参加者からの要求をいかに多くの条件と整合させて、設計として具体化するかということである。本稿ではそのようなご苦労の中心的立場にあった阪急電鉄の上田正人氏をはじめとする多くの関係者のかたがたのご努力に対して心より敬意を払う次第である。

### 参考文献

上田正人「阪急伊丹新駅ビル新築工事」『鉄道建築ニュース』一九九九年・六月、二一―二五頁
『日経アーキテクチュア』No.六五四、日経BP社、一九九九年・一一月、五四頁
『日経アーキテクチュア』No.六五四、日経BP社、一九九九年・一一月、五二頁
田中直人・上田正人「阪急伊丹駅アメニティターミナル」日本建築学会編『建築企画事典』二三八―二四一頁

第1章　3

# 交通エコモ財団におけるアメニティターミナル推進事業と阪急伊丹駅

アトム運輸　副社長（元交通エコロジー・モビリティ財団理事）　寺島　清

## 一　財団にとっての意義

阪急伊丹駅アメニティターミナルは、神戸港中突堤アメニティターミナル（神戸港中突堤中央ターミナル、かもめりあ）とともに、交通エコロジー・モビリティ財団のアメニティターミナル推進事業の対象に選定され、当該事業推進のために設置された「阪急伊丹駅アメニティターミナル整備検討委員会」の審議を踏まえて整備されたターミナルで、現時点では、我が国で最高レベルのアメニティターミナル（福祉駅）と評価されている。

「アメニティターミナル」は、財団の名称（当時の名称は、㈶交通アメニティ推進機構と同じく、バリアフリー（移動の円滑化）の意味合いを重ねたアメニティをベースにした語で、単にバリアフリーであるだけではなく、更に発展的に、高齢者・障害者等の移動制約者のみならず、健常者を含むすべての利用者にとり、快適で、使い易く、判り易いターミナル、即ち総合的な機能性・利便性・環境性（景観も含む）に優れたターミナルを期待するものである。事業を立ち上げるに当たり、委員会ではアメニティターミナルの基本要素として、①移動しやすい、②利用しやすい、③行きやすい、④人にやさしいという四項目に分けて具体的な基本方針を確認し、これに沿って整備計画を策定した。

その計画内容や施設内容などは次章以下で詳しく触れられるので、ここでは、住民参加の実現、バリアフリーを前面に出した企画など、その基となったソフト面の特色を中心に説明する。当初から意識的になされた試みから、結果としてユニークな内容になったものまで色々あるが、今更ながら、画期的な試みが多いのに驚く。枠組みは初めから決まっていたにしても、内容は走りながら作っていったものが殆どで、それに関わった人々が旨く機能した結果だと思う。プロジェクト全体が偉大な試みであったとも言え、全体を振り返ると、社会に充分お釣りの来る実験だったと思う。と言うことは、財団にとっても、大いに有意義なプロジェクトであったと言え、多くの生きた勉強をさせて頂いた。プロジェクトが始まったのは、財団設立間もない時期で、多くを関係者の方々に依存する事の多い運営ではあったが、事業への関わりそのものが、多くの貴重なノウハウになった。一般に、補助金の交付元にとり、施設整備の補助事業は既に固まった計画内容について判断することが多く、それだけでは余り深く内容を学習する機会にはならないが、本件では委員会審議を通して、事業の比較的早い段階から内容をチェックし、全体の流れが判るところに居ることができたので、本件の問題点に関する認識を深めるだけでなく、これを通してバリアフリー全般のことを理解する上でも役に立ったと思っている。このような、本件を通じての一連の経験は、単なる経験に止まらず、駅のやさしさ評価などそれに続く財団の事業展開にも大いに役立つこととなった。以下順を追って説明する。

## 二　アメニティターミナル推進事業について

財団に「アメニティターミナル推進事業」の予算が認められたのは、平成七年の二月で、財団設立（平成六年十月）の約半年後である。その背景は、それまでのバリアフリー施設整備の在り方に対する強い問題意識にある。つまり、国際障害者年（昭和五十六年）に続く、国連・障害者の十年がスタート（昭和五十八年）して十年が過ぎたにも拘わらず、局所的なバリアフリー整備が多く、施設全体としてモデルとなるような施設が見当たらない状況下で、どうしたら人々のバリアフリーに関する認識を一変出来るかということが大きな課題であった。確かに従来の鉄道駅などにおけるエレベーターやエスカレーターの設置は、数字の上では、大都市を中心にある程度進んでいたが、個別事例としてみると、駅の入口からホームまでの間に段差があったり、ルートが一通りしかなかったり、エレベーターの設置場所が遠いところにあるなど、エレベーターやエスカレーターが一応設置されていても、一連の動線あるいは面的に見て、必ずしもバリアフリーではない場合が多かった。設置者の考えも対症療法的なもので、予算の制約は否めないものの、仕方なくバリアフリー化を図るというものが多く、消極的なスタンスが大勢であった。その一つの方策として提案されたのが「アメニティターミナル推進事業」で、日本財団の示唆と、運輸省（現国土交通省。以下旧名で呼ぶ。）の協力を得て動き出すこととなった。

事業の大枠は、バリアフリー施設への大規模な補助を行うことにより、全国的な手本となるような完全なバリアフリーのターミナルを造り、世間のバリアフリーへの認識を変えるきっかけにしようという試みである。ただ、認識を一変させるほどのインパクトを持つには、一定規模以上の乗降客数のあるターミナルであるなど、注目度の高い場所と内容であることが必要である。また、それほど大がかりなターミナルを建設するとなると、計画から竣工に至る懐妊期間も長く、それらに該当する対象を見付けるのが大変である。運輸省で、全国的に多くのプロジェクトを勘案した結果、冒頭に触れた二件が対象に選ばれた。

阪急伊丹駅は、たまたま、同年（平成七年）一月十七日に起きた阪神・淡路大震災により、駅舎が倒壊し、マスコミにも大きく報道される中、地元でもバリアフリーな駅舎再建を求める運動が盛り上がっており、バリアフリーの全国的なモデルであると同時に、震災復興の顔にもなり得るという、絶好の対象案件となった。

当事業については事業遂行などについて特段の規程等はないので、現地に、運輸省等の協力を得て、アメニティターミナル整備検討委員会を設けて、先ずアメニティターミナルとは何かの検討から始めて、事業のコンセプトを確認するとともに、事業の遂行手順もここで決めて行くという形を取った。委員会は、学識経験者、運輸省（近畿運輸局）、地方自治体（兵庫県、伊丹市）、ターミナル事業者（阪急電鉄、伊丹市）、交通事業者（阪急電鉄、阪急バス、伊丹市交通局）、高齢者及び障害者の代表という構成である。委員会では、上述の通り、先ず最初にアメニティターミナルの概念整理をした上で、四項目の基本方針（①移動しやすい、②利用しやすい、③行きやすい、④人にやさしい）に従い、整備計画を策定し、これに沿って建設事業の早い段階からターミナル事業者の事業計画をチェックし、意見交換が行われた。委員会での検討対象は、アメニティターミナル推進事業の本旨に従い、バリアフリー施設だけに止まらず、ターミナル全体としてアメニティターミナルの趣旨にかなっているかどうかも含まれ、最終的な実施の可否については、ターミナル事業者の判断に依るものの、幅広い内容が委員会で俎上にのぼった。判りやすい主動線の確保の観点からエレベーターの設置場所の議論がなされ、ビルの中央部から、ターミナル正面の現在の位置に修正されるきっかけになるなど、活発で前向きな意見交換がなされた。（「座談会」を参照）そこでの全ての要望がターミナル建設計画に盛り込まれたわけではないが、内容的には、条例やガイドラインをかなり超えるレベルでのバリアフリー整備項目として、委員会意見がまとめられた。

## 三　阪急伊丹駅アメニティターミナル整備事業のソフト面での特色

こうして事業が遂行され、平成十年十一月に阪急施工の駅ビルが、平成十二年十一月に、伊丹市施工部分（バスターミナル、駐輪場等）も含めたアメニティターミナルが完成した。施設そのものも画期的なアメニティターミナルであるが、完成に至る過程の考え方、システム等にも多くの画期的な事例が認められる。特に大きいのは、バリアフリーを前面に打ち出したことと、市民が対等に発言できる場を設けたことの二点である。以下順に説明する。

### (1)　大規模ターミナルでユニバーサルデザインを最上位のコンセプトにしたこと

既に出来ている施設を見てどういう発想で建設されたかを判別するのは難しいことであるが、これまでの大規模ターミナルの設計では、先ず施設の配置、デザインを決定した後、上下移動が必要な箇所についてバリアフリーを考慮するパターンが多く、本件のように意図的にバリアフリーを前面に打ち出して施設計画を検討した例は、神戸港中突堤アメニティターミナルと本件だけである。そう宣言したことで、より一層その名に値するための努力もなされたようである。

## (2) ゾーン全体のバリアフリー化を図っていること

(1)の裏返しで、従来局所的にバリアフリーを考慮するという発想が一般的であったが、本件では、動線全体として、あるいはゾーン全体として、バリアフリーであることに加えて、さらに分かり易さ、快適さが追求された。本件では、このような視点から、委員会での意見交換を踏まえて、当初設計案のエレベーターの位置が、分かり易い動線上に来るように変更された。こうして、ターミナル正面のシースルーのエレベーターと吹き抜けの大階段という、シンプルで快適な空間が出来上がった。なお、神戸港中突堤中央ターミナルの事例ではもっと徹底しており、このコンセプトを基に、動線計画、主要機能配置、設計といった工程作業が進められた。

## (3) 住民参加(アメニティターミナル整備検討委員会方式)

阪急伊丹駅アメニティターミナルのコンセプトや整備内容の決定、評価を審議する機関として、エコモ財団内に整備検討委員会を設置し、運輸省などの協力を得て上述の方々に委員を委嘱した。委員会では、事業者、行政、住民代表が同一テーブルで、対等の立場で、自由にバリアフリーに関する意見を戦わせるという形を取った。その委員として住民(高齢者、障害者)の代表にも入ってもらい、始めから利用者(障害者)の目線を考慮した審議を行ったことは、意義深いことであった。バリアフリー施設の場合には、特に実際の利用者の判断が重要で、既存のいくつかの使えないバリアフリー施設の実例を見ても、その施設の完成後の使い勝手を考えると、障害者の目線からの意見は不可欠である。

さらに本件では、参加した住民委員が、単に計画案のチェックだけに止まらず、先進事例の視察などを行い、委員会を通して早い時期から提言づくりにも参加していることで、内容的にも大変画期的なことと言える。

(4) **事前チェック**

事業者から事業遂行の早い段階より情報提供を受け、委員会としての検討結果を事業者に提言しつづけた。設計内容が固まってからでは変更しようもないが、相互の信頼関係に基づいた有効な意見交換ができ、施設計画に反映された。画期的であると同時に重要な要素である。

(5) **竣工後の評価**

竣工後の施設について、計画通りの効果の有無、整備意図と実際の使われ方の比較、改善点のチェックなどの事後評価を行った。バリアフリーの設備は、ちょっとした設置の仕方の違いで障害者の使い勝手に大きな差が出るため、きっちりチェックする必要がある。また、単に局部的にバリアフリーかどうかをチェックしただけではなく、施設全体が、総合システムとしてバリアフリーになっているかどうかをチェックした。大型の公共的施設で出来たばかりの施設を評価することは前例のないことであるが、建設の意図やコンセプトが記憶に新しい時点できっちり評価することで次の課題が明確になり、軽微なものは直ぐに改善でき、それが難しいものでも、別の施設整備の参考になる。話題性のあるうちに情報発信することが、モデル事業としての責務でもある。但し、事後評価のやり方は前例がない分、手探りの試行錯誤を続けながら作業は進められた。今後さらに事後評価手法は改善されていくものと思われる。経年による見方や使われ方の変化を調査することなども考えられる。当財団が現在行っている駅のやさしさ評価等にも、成果が生かされている。

(6) **年度をまたいだ事業運営**

アメニティターミナル推進事業は、エコモ財団の特別事業として年度毎の予算に縛られずに運営されたことも、安定した事業の遂行を可能にしたと思われる。震災で倒壊した阪急伊丹駅の再建は早急な復旧が望まれていたが、それでもターミナルの地下駐輪場建設の手順からターミナルの完成までに五年を要した。アメニティターミナル推進事業としては事業開始時に事業資金全額の交付を受けていたので、各年度の事業計画の修正だけで対応できたが、年度毎の予算要求であれば当初予定助成額の確保は難しかったかも知れない。仕掛かり期間の長い大規模な事業の場合は、このように柔軟な予算の特別措置も必要な要素かもしれないといえる。

### (7) その他

本件が上手くいったその他の要因としては、㋑関係者の協働関係が出来たこと㋺ターミナル完成後の盛況の二点を挙げることが出来る。前者については、利害の対立する委員も相互理解に努め、より良いものにまとめる方向で協力できたことが、良い結果を生んだものと思われる。委員会開始当初は対立的で、腹を探り合っていたが、相手の立場の理解が進むに従い協力的になった。

後者は直接バリアフリーと関係はないが、ターミナルの盛況があって初めてその施設も生きてくるものであるので、核店舗を始めとするテナント構成が地域と時代のニーズに適応できていることは、重要なことである。これによりさらに面的な拡がりが期待でき、このターミナルを中心とするまちづくりにも弾みがつくものと思われる。一方、結果から望むらくは、駅ビル内の各テナントにも早い段階からバリアフリーの議論に参加して貰い、ターミナル全体としてより充実したバリアフリーを期待するべきであったかも知れない。

## 四　まとめと課題と展望

本件ターミナル建設事業は全面的な公共事業ではなく、半分は阪急電鉄の駅ビル（駅舎＋商業施設）建設という民間事業で、残り半分が伊丹市施工のバスターミナルおよび地下駐輪場等の公共事業となっており、いわゆる公共事業への住民参加論とは少し性格が異なるかも知れない。ただ、大型の公共的事業に住民の意見を上手く反映した事例として、上に述べた通り、多くの参考になる点が指摘できる。本件の特色を要約すれば、皆が自由に意見を言えるように設定した場で、関係者がバリアフリーのアメニティターミナルを議論し、助成金を潤滑油に、そこでの意見を尊重し、現時点では最高レベルのアメニティターミナルを造りあげたと言うことであると思う。大枠のルールしか決めない中で、関係者が上手く協調して成果を上げることができた背景には、委員長のリーダーシップ、関係者の熱意と委員会運営上の多くの努力がある。この中で多くの画期的な方式も出てきた。一方で、住民代表委員による住民団体関係者とのこまめな情報のやり取りなどの日常活動の積み上げや、一定の住民関係者への委員会審議の公開などが、市民の理解を深めるのに役立ったようである。つまり、複雑な枠組みを決めるより、先ずは市民（高齢者、障害者など）に参加して貰い、皆でそれを上手く運営できるように努力したことが成功要因である。ここで住民（障害者）参加にこだわるのは、バリアフリー問題の特殊性として障害者固有の使い勝手があり、これは健常者の目線ではフォローしきれないことが多く、彼等の意見を採り入れながら計画や工事を進めた方が逆に手戻りが少なくて効率的であるという現実によるものである。

本件では、助成金の存在が住民参加を進める上でそれなりの意義を持った（事業者は住民の要望をヘッジできる）ようであるが、上記のように実質的にこの問題を考えたときには、それ程助成金額が多くなくても、公共的施設計画検討への住民参加は積極的に進めるべきであると思う。バリアフリー問題が絡む場合は、例え予算上の制約があったとしても、上記の理由からそういった所与の条件を明示した上で住民（障害者）参加を図るべきであると思う。

外国では、住民参加は住民の権利を守るための制度保証として定着している。ドイツでは、再開発等に関し市町村の建設基本計画草案の縦覧、早い段階での意見聴取、実質代替案の提示などが行われ、さらに住民の創意工夫を引き出すために、相談や助成の制度も備わっている。

フランスでは、市町村の大きな整備事業にあたり、原案の検討の段階で国、隣接市町村、一定要件の住民団体の意見を聴取し、これを付して住民への開示・聴聞手続を行うこととなっている。例えば、ストラスブール市では、市の幹線公共交通整備をトラムにするかミニ地下鉄にするかが市長選挙で争われ、トラム派が勝った後も、その都市交通計画案を「情報公開」して「コンセルタシオン」（協議会）に懸け、充分に議論した上で、「審査会」（専門家が立場にとらわれず自分の意見を述べる）を経て決定した。市は、この三段階の手続を通して当局の提唱する計画の優位性を熱心に市民に説明してその賛同を得た。単純に彼我の制度比較をしても無理があるが、本件、伊丹の場合に鑑みると、委員会が上手く機能し、これらの三段階の機能を一つの委員会で果たしたような結果となった。

なお、欧米の住民参加制度がチェック機能中心になっている背景に、都市計画などの原案づくりはまずは当局の技術者など専門家に任せ、ただその結果が市民生活に大きな影響を与えるので、市民としての権利を侵されていないかきっちりチェックすると言う考えがある。また一方で、当局と障害者が色々な面で定期的に意見交換する場も設けられており、前向きの意見はそちらで吸収されているとの見方もあり（障害者には不満があるが）、これらを総合的に見る必要がある。とは言え伊丹の場合に、住民（高齢者、障害者）参加が果たした建設的な側面は高く評価するべきであると思われる。当局の技術者の専門性尊重についても、最近は素朴な住民の意見こそ相応に尊重されるべきだとの見方もあり、少なくともバリアフリーに関しては、発案者が健常者であるなら一層住民（障害者）の目線を取り入れた計画づくりが望ましいと思われる。

本件について付記すれば、先にも触れたように、本件では財団と事業者との間に一応牽制関係があるとは言え、住民代表委員の意見が尊重されないなど相互の立場を尊重しない運営がされた場合には、委員会は上手く機能しないで終わる危険性をはらんでいたが、それが上手く嚙み合い、良い結果を得た。委員会を立ち上げるに当たり、事業者サイドでは住民から過大で理不尽な要求が出てくるとの恐れを抱いていたようであるが、結果的には大変前向きな議論が交わされ、成果が上がったことで、事業者側の評価は高い。また、住民側も意見を反映させた充足感があり、双方に良い結果が出ている。更に委員会では、委員以外の市民も熱心に傍聴するなど、市民意識の向上にも役立ったようである。今後、財政資金の一層の有効利用が求められてくる中、使い勝手の悪い無駄なものを造らないためにも、バリアフリー計画への住民参加を積極的に図る必要がある。

バリアフリーの判断については、その時代の人々の意識や技術進歩により、随時変わっていくものだと思われる。我々も周辺の動向に配慮しながら、時代を先取りするような対応を心掛けていきたいと思っている。

（外国制度等に関しては、原田純孝他編「現代の都市法」、望月真一「フランスの都市交通の施策」（運輸と経済 Vol58）参照）

# 第2章

## 利用者参加の仕組みがバリアフリー駅を実現させた

第2章　1

# アメニティターミナル委員会に参画して

伊丹市身体障害者福祉連合会　事務局長　中川　次郎

## 駅再建に関する市長宛要望書の提出

あの阪神・淡路大震災、平成七年一月十七日（マグニチュード七・二）から二～三ヶ月が過ぎ、やや人心地が返ってきたとき、はっと気掛かりに感じたのが、地震で倒壊した阪急伊丹駅の再建のことでした。

震災前の阪急伊丹駅にはエレベーターはありませんでした。しかし何回かの話し合いを経て、いよいよエレベーター設置の話が具体化しつつあったところへあの大地震でした。

そんな事情から、阪急伊丹駅が再建されるときには、当然エレベーターは設置されるであろうという期待感はありました。しかし、この度の再建は単に駅舎の部分的な改造ではなく、基礎設計からの再建築である。であるなら私たち障害者としては、エレベーターの設置だけで念願成就と安んじていてはいけないのではないか。新しい駅は、駅の施設全体が、障害者やお年寄りはもとより、すべての人に利用しやすい駅にしてほしいものである。そうするためには、まず私たち障害者団体が声を上げなければならないのではないか。それにはどのような手筈を取ればよいのだろうか。

まだ被災地の世情は混乱を極めており、毎日緊急物資を運ぶ車のサイレンが遠く近く頻繁に行き交っている毎日でした。行政も災害対策に追われていることでしょうが、駅の再建計画はどのようになっているのだろうか。

いや、再建計画の進み具合がどうであれ、まずはなんらかの手を打たなければならない。そんな思いから、取り敢えず伊丹市長宛に、「阪急伊丹駅の再建に際しては、私たちの要望を反映させられる手段の配慮をお願いします」という主旨の要望書を提出しました。

## アンケート調査の実施

そのあと、ではどんなことを反映させてほしいのか、その要望事項をまとめることに取り掛かりました。当連合会の構成団体である肢体障害者協会（車椅子部会を含む）、視力障害者協会、聴力障害者協会、肢体不自由児（者）父母の会の四協会の合同役員会を開き、「新しい駅はどんな駅にしてほしいか。どんな施設、設備が必要か」などの要望事項を、各協会毎に協議し、箇条書きにして持ち寄ることを決めました。集まったものを「阪急伊丹新駅への要望事項」（別紙五十六項目）として集約し、要望書の第二弾（資料・別紙1—1）として伊丹市長宛に提出致しました。

ところで、この五十六項目の要望事項を、単に〝自己主張を羅列したもの〟としないために、五十六項目に対する当会員の重要度意識を調査する必要を感じ、アンケート用紙（資料・別紙1—2）を作成し、全会員宛に配布しました。アンケートは三段階回答で、各項目毎に

1、もっとも重要と思うものには　…………◎
2、その次に大切だと思うものには　…………〇
3、設問の意味がわからないものには　…………△

4、その外のものは無印で可。（三番目に必要とみなす）

なお、別紙として「駅はみんなの駅ですから、このアンケート事項以外のことで、障害者はもとより高齢者や妊婦の方、幼児連れの方、通勤者の方、その他すべての利用者を対象とした希望事項や、時代を先取りした斬新な提案なども、あれば記入して下さい」という記入用紙（資料・別紙1―3）も同封しました。

配布数一九三六名　回収八五二通　回収率四十四パーセント

回収できたアンケートを集計したもの（資料・別紙1―4、別紙1―5）と、別途の記入用紙に記入された（五十六項目以外の）要望事項を集約したもの（資料・別紙1―6）とを、伊丹市長と阪急電鉄株式会社に提出し、検討をお願い致しました。

その頃、交通エコロジー・モビリティ財団による「阪急伊丹駅アメニティターミナル整備検討委員会」の話が持ち上がり、伊丹市福祉企画課より委員への人選依頼があり、加藤、坂元、中川の三名が委員会に参画することになりました。これは幸運でした。最初に伊丹市長にお願いした「私たちの要望を反映させられる手段の配慮を……」という第一弾の念願は思わぬところから叶えられることになったのであります。

## 「アメニティターミナル委員会」への参画

そこで私たちは、アメニティターミナル委員会に参画するためのバックアップ体制として、肢体障害者協会、車椅子部会、視力障害者協会、聴力障害者協会、肢体不自由者父母の会に各四～五名のフィードバック要員を準備させ、委員会の成行きを見ながら随時ワーキングを開く体制を整えました。なお、できればフィードバック要員にも、委員会場の雰囲気や流れを肌で知ってもらいたいと思い、傍聴の申し入れも致しました。その回答は、傍聴者としてではなく、随行者として十名程度の入場を認めるという配慮をいただきました。また、委員会の開催に際しては、手話通訳の配置もしていただきました。

その後私たちは機会を見てはワーキングや見学会、聴講会などを開いてきました。そのメンバーは先のフィードバック要員だけでなく、知的障害者の父兄や精神障害者グループの代表、時にはヘルパーさんやボランティアさんにも参加していただき、意見交換を行いました。思えば、随行者の入場が認められていなかったなら、ワーキングの席で私たち三名が委員会の内容をどこまで正確に伝えることができたか自信が持てません。随行者たちは会場の情況を知っているだけに、ワーキングの席では時に良きアドバイザーとなることもありました。今回の随行者の同行は当事者参加の延長線として高く評価できると思います。

アメニティターミナル委員会に参画して〝良かった〟と実感できたのは、利用者代表というおこがましい肩書きで参画している私たち四名（含、老人団体代表一名）の意見を、いとも懇切丁寧に聞いていただいたことでした。しかし、当初アメニティターミナル委員会の期間は一年間で、委員会は本委員会三回、小委員会四回をもって終了の予定と聞いていたこともあり、五ヶ月ほどが過ぎてまだ話の内容に進展らしきものが見えなかったころ、あと三回の委員会でどこまで実のある話合いができるのだろうかと不安を感じた時期もありました。その思いと、それならばこれだけは絶対に実現して欲しいという最低限の要望事項をまとめて委員長と事務局宛に郵送したこともありました。そんな思いが届いたのでしょうか、当初一年間であった予定期間は竣工までの二年半を通して行われ、委員会も本委員会、小委員会、合同委員会などなど計十一回にも及ぶ検討を重ねていただきました。その間には、

1　エレベーター操作盤の実寸大の図面を壁に貼ってのボタンの高さ位置の確認
2　音声触知図案内盤の実物大サンプルによる感触テスト
3　センサー式音声誘導装置を仮設しての実地体験
4　何種類かの誘導ブロックや警告ブロックを公園に仮敷設して、色彩判別の難易度や、足裏の感触度の確認
5　インスタントシニア体験では、アイマスク、耳栓、手首足首におもりを付けるなどして、七十歳相当の負荷装備をして、阪急宝塚駅構内での歩行体験

などなどの勉強会や、その他、再建に関するワーキングや、講演会、近辺の既設施設の見学会など、合わせて十数回にも及ぶ研究会も開いていただきました。

なおまた、各委員の方々をはじめ関係者の方々には、委員会の度に私たち四名の意見を聞くために、ご多用の中を遠路わざわざ伊丹までお運びいただき、当事者の私たちは居ながらにして意見を聞いていただけたのですから、ただただ感謝のほかございませんでした。

その間には、なにかと難題の提言もあったことと思いますが、大所高所からご理解ある検討をしていただきました。

## 一人でも多くの当事者参加を

その結果、可能な限りの条件は採り入れていただいたと受け止めております。そしてあのような全国に誇れる、人にやさしい駅が出来上がったと自負もしております。

しかし、十寄れば気は十色と言いますが、人のニーズは千人寄れば千色です。いかに良かれと思う手段を尽くしても、すべての人に満足していただくことは叶うことではありませ

ん。なぜならば、私たち障害者の間でも、障害によりニーズの相反することが多々あるからです。そこは弱者優先の譲り合いと、誰しも、ある程度の我慢が必要であることを私たちも自覚しておくべきだと思います。

阪急伊丹駅とバスターミナル、そのすべての復興事業が完成して、今しみじみと思うことは、「声を上げて良かった」ということです。成るか成らぬかは結果の話であって、まずは「声を上げなければ道は開かれない」ということを実感しました。さらに良かったと思うことは、今回の「当事者参加」が、当事者団体の代表者だけの参加でなく「最前線の当事者が参画できた」ということです。私的な反省になりますが、障害者にとってのバリアは広範にして複雑です。到底私一人の考え及ぶところでないことも実感いたしました。今回の「アメニティターミナル委員会」には、過去にバリアをいやというほど味わい、その解決策を探ってきた、加藤（車椅子利用）、坂元（下肢舗装具着用）の二女性が加わったことが、あの世間に誇れる福祉駅「阪急伊丹駅ターミナル」のアメニティ成果の大きな原因であったと確信しております。つきましては、今後のこうした「検討会」には、ぜひ最前線の当事者が一人でも多く参加することを願って止みません。

第2章 2

# 利用者、障害者の参画が伊丹駅を変えた

伊丹市肢体障害者協会　車椅子部会　会長　加藤　作子

## 復興される駅への思いがアンケート調査へ

今、阪急伊丹駅は何も無かったように人が動き、さりげない駅になりました。「もう六年が過ぎたのだ」と簡単に終わってしまえない様々な思いが私の頭には刻み込まれています。六年前、利用する市民の一人として「復興される駅は素晴らしい駅に変身して欲しい」と強い思いを持ちました。共通した思いを持った仲間は、「復興される駅はどんな設備があれば良いのか」「震災で倒壊してしまった駅、どうなるんだろう?」から私たち障害を持つ当事者の思いは膨らみ動きが始まりました。振り返って見ると、与えられる物に満足できなくっても、我慢しながら生活していたのが嘘のようです。

私たちの動きはアンケート調査から始まりました。それぞれの組織で障害者の方だけを対象にしたもの、また一般の方も障害者も区別なく全ての利用者を対象に「できたらいいな!こんな駅」という内容で様々な方向からアンケート調査を行いました。調査結果は行政や事業主体となる阪急電鉄さんに提出しました。

それまでの街づくりは、利用者の声を聞かず「まちづくり条例」等のマニュアル通りの設計で完璧であると自負されていた関係者が殆どでした。

## アメニティターミナル委員会への参加

私たちの熱意と誠意が通じ、アメニティターミナル委員会に参加できることになりました。今までの固定観念を取り払っていただき方向性を変えることのできる第一歩を踏みだせることになったのです。障害者や一般利用者の意見を反映し設計するという方向性ができてきた時は本当に嬉しかったです。委員会がはじまったときは、当事者のメンバー四人は何からどう行動して良いのか分からないまま委員会の席に就きました。この新阪急伊丹駅の復興までの経過の中で印象に残っている事があります。何が何でも入りたかったアメニティターミナル委員会のメンバーの中で女性は二人だけ、会場に入って席に着いたときの雰囲気は面接会場にでも座った気分でした。私の前に座られている方々は堂々とされ、落ち着かれているのとは対象的で身が竦くんだ事を思いだします。利用者代表として精一杯意見を言いたいと思っているが、思いを伝えられるのだろうか、とても不安になりました。手探り状態でスタートした私たちは、二回目、三回目と委員会の雰囲気にも慣れてはきましたが、委員会で私たちが説明する整備内容が、なかなか理解されず険悪な雰囲気でした。

何とか私たち障害を持つ当事者の生活をスムーズに理解していただくため、障害者の擬似体験をお願いしました。疑似体験で共に行動し、アイマスクをつけ、白杖を持ち、耳栓をし聞こえない状態と、様々な体験をしていただきました。そこから、アメニティターミナル委員会の委員の皆様は利用者の生の声に耳を大きく傾けてくださるようになりました。その後の委員会は、流れが変わったという手応えが感じられるようになりました。委員会には、障害者専用設備を中心に考えるのではなく、誰もが当たり前に安心して利用できるよう幅広い方向から声を届けるという事を忘れず、私たちメンバーの基本理念として参加しました。

## 「できること、できないこと」を誠心誠意伝え合う

このように共にアメニティターミナル委員会の波に乗って話し合えるまでには大変な道程があった事も思い出されます。

私たちはその流れに乗り、復興される駅に対し熱い思いを注ぎ込みました。気持ちを大きく膨らませた駅や駅前広場は、究極の整備に繋げたいという一心から精力的に行動してきました。車椅子を利用する私は、車椅子を利用する人の不便さは簡単に説明できますが、一般利用者の思いや聴覚障害者や視覚障害者の方々の不便さは解らない所がありました。それを最大限カバーできるよう、色々な方向から意見を聞いたり、一緒に行動し、より多く伝えられるよう大変神経を使い、情報収集にも力も入れました。設備や整備で最新の物があると聞けば即行動に移し、視察に行ったり資料を取り寄せました。「日本一の福祉駅」と言われていたJR前橋駅や、最新の音声触知図案内板や音声誘導装置等が設置されていると聞き、横浜の上大岡駅や東京の清瀬市、営団地下鉄の後楽園駅等数十カ所視察をし、誰もが安心して利用できることを念頭に飛び回りました。その設備については設備整備をするときに係わった人や、実際利用されている方の評価も必ず聞きました。また、アメリカやヨーロッパ等への海外渡航経験がある私は海外の設備の違いも併せて伝えました。

私たちは思いを正確に繋げ、できないところは何故できないのかを説明していただくことも欠かさずやりました。そして、委員会の中で説明を受けることで、「できることと、できないこと」等納得できるまで聞き、私たちの思いをしっかり伝えて行くことができたと思っ

ています。

私たちの熱意はアメニティターミナル委員会の流れを停滞させ、困られた事もあったと思います。まちづくり条例や鉄道運行に関する法律の壁があり、緊急避難経路と誘導、転落防止対策について強く設置を要望した事や、障害者用駐車スペースに雨除けの屋根の設置、音声触地図案内板など、議論を重ねた事も、ついこの間のような気もします。私たちがコメントすることも、様々な方向から考えてくださった事が思い出されます。私たちも、何が何でもではなく、誠心誠意思いを伝えるために言葉のキャッチボールをして来ました。それが良い方向に進めることの出来たキーポイントになったと思います。お互いが気軽に話し合う事ができ良い関係を作るベースになったのでしょう。

## ユニバーサルデザインのまちづくりに向けて思うこと

そして、震災後の復興計画と平行し、阪神間のトップを切ってノンステップバスが走りだし、市内の至るところで歩道の段差も解消されはじめ、JR伊丹駅にはエレベーターの設置が決まりました。これも、アメニティターミナル委員会を通し私たちが積極的に行動したことが伝わり、細部にわたって気配りされだしたのだと理解しています。完成した駅、駅前広場はユニバーサルなデザインが施され、視察に来られた方は「何処が普通の街づくりと違うのかが解らない」と言われますが、そこが私たちの街づくりだったのです。

さりげなく整備され一般に溶け込んでいる完成した駅に私は九十点の点数を付けたいと思っています。あとの十点は、私たちだけの評価ではなく利用者の皆様の評価点をプラスしていければと思っています。利用者の皆様から様々な感想や意見評価をいただいています。駅ビル全体を一般市民は福祉駅と思われていました。私たちには気が付かない死角がありました。ビルの東西の出入り口と屋上の駐車場に自動扉が無いこと、飲食店があるフロアーに障害者が利用出来る多目的トイレが設置されていないのは何故なのか等、いくつか指摘を受けることがあったりしました。鉄道事業本部と営業事業本部と縦割りの動きをしていたからだと私たちも完成した後で知りました。委員会の進行途中で工事現場の視察もさせていただいていたのですが、気が付きませんでした。委員会に係わってきた私たちも戸惑った訳ですから、一般の皆様にも理解できなかったでしょう。

委員会に参画させていただいた私たちは精神誠意思いを伝え、自分たちの持つ力を一〇〇%注ぎ込んだと思っています。そしてこの経験は、これからの街づくりの大きなステップになっていってくれると思います。

同じ土俵の上で議論を交わす機会が必要で、専門家と障害者が共に新しい設備を視察、検証、評価する協同の作業が最も重要です。また、福祉設備等の機種選定はシンプルで利用しやすい物を選び、同一商品を製造開発している機器等は互換性のある物にすることも必要です。人々の日常生活は単独の省庁に関する分野だけで生活しているのではありません。各省庁間のバリアフリーを図り、まちづくり条令の基準を最低基準として考え設計する事も必要です。日本で初めての、整備検討段階からの当事者参画は全国の障害者の皆様からも注目されています。今後の街づくりには事後評価も必要で、出された問題点を次の検討設計に生かすことも欠かすことのできない点です。普段の生活でバリアを感じている個々の意見や、情報、改善に関するアイデア等もヒヤリングし、計画設計に反映させることも大切です。

検討段階からの当事者参画の継続こそ、誰もが安心して生活できるユニバーサルデザインの街づくりを可能にすると確信しています。伊丹駅のアメニティターミナル委員会のように、利用する市民、障害者等が参加する委員会が、全国各地で定着して行ってくれる事を期待し、今後の街づくりのステップとなってくれることを願いたいと思います。私自身、障害を持つ当事者であり市民を代表する委員として、様々な意見を繋げ責任を持って係わって来た事をしっかり刻み込んでおきたいと思います。もっともっと素晴らしい街や社会になることを願い、新阪急伊丹駅を見続けたいと思います。そしてこのような機会を作っていただき、支えてくださった皆様に感謝いたします。

第2章　3

# 阪急伊丹駅の再建に参加して

「障害者」とともにバリアフリーを考える伊丹市民の会　坂元　和美

## 平成七年一月十七日午前五時四十六分

淡路島北部を震源とする阪神・淡路大震災が発生。マグニチュード七・二、震度七の激震。突然の揺れで目覚めた寝ぼけ眼に飛び込んできたのは、外の薄明かりをバックに、今まさに崩れ落ちようとするタンスのシルエットでした。とっさに跳び起きはしたものの、歩くどころか立ち上がることも出来ません。気がついた時には柱にしがみついていました。たった二十秒足らずの時間が何時間にも感じられた冬の寒い夜明け前のことです。

伊丹の玄関口「阪急伊丹駅」もこの地震で倒壊してしまいました。震災前の阪急伊丹駅の改札口は二階、ホームは三階。エレベーター無し。とてもじゃないけど体の不自由な人や高齢者などハンディを持った人達には使えない駅だったのです。というよりも、使うなといわれているような駅でした。

地震から数日後、崩れ落ちた駅ビルとその上に横たわる電車を目の前にして、「再建する阪急伊丹駅はみんなが使いやすい駅であって欲しい。当然エレベーターは、駅の中心のわかりやすい所にあるべきだし、かごは車椅子もベビーカーも高齢者も妊娠中の若いお母さんもみんなが一緒に乗れる大きなかごでないとだめだし……」と新しい駅のあるべき姿が私達の中で膨らんできたのでした。

## 設計段階からの当事者参加を求めて

その年の三月、倒壊した伊丹駅から南約三百メートルの所に仮設の伊丹駅がオープンし、少しずつ復興の兆しが見えはじめた頃、障害を持つ当事者として、自分たちがこれまで様々な場面で体験した〝使いにくさや不便さ〟を新しい伊丹駅に生かすべきだと考えはじめていました。

専門家と言われる人たちが知恵を絞って作り上げた〝多分使いやすいだろう〟という設備が利用者にとっては案外使いにくかったり、全く使えなかったりということはよくある話です。設計段階から実際に利用する人達の意見に耳を傾けることをせずに、「街づくり条例」をはじめとした書類上の様々なデータをもとにして施設整備をした結果そのようなことが起こってくるのです。例えば、車椅子ひとつとってみても、実際には使う人や目的によってそのサイズは千差万別です。しかし、資料の図面ではたった一つです。〝資料〟を基礎にして設計するから、ほんの数センチメートルのことで車椅子の寄り付けない便器が出来あがってしまうこともあるのです。これはほんの一例にすぎませんが、このような、当事者には考えられないようなちぐはぐな〝バリアフリー〟にうんざりしていました。

〝バリアフリー〟という以上は、その設備は障害の有無にかかわらず、すべての人にとって使いやすいものでなくては何の意味もありません。

真のバリアフリーを実現するには、最初から利用者と同じテーブルを囲んで話し合い、ニーズを的確に把握しながら設計を進めるというのが、一番有効な手段なのです。そうすることによって、専門家の気が付かないような小さなことでも、利用者にはとてつもなく大きなバリアーになっていることが沢山あるということが理解できると思います。また、資料と首っ引きで仕事をしてきた技術者にとっても、このような経験は仕事をする上で必ずプラスになるはずです。

障害を持つ当事者が使いやすいということは、誰もが使いやすいということです。設計や建築をはじめとした様々な分野のプロ、そこに〝不自由〟のプロである障害当事者を交え、それぞれが持っているノウハウを出し合ってバリアフリーを追求すれば鬼に金棒です。新しい伊丹駅が誰にも使いやすい駅に生まれ変わるために、その再建はぜひとも当事者参加で進めなければならないと考えていました。

そのためにも、再建計画が具体的に決定する前に何らかの形で私達の新しい駅に対する思いだけは伝えておかなければならないと言う〝不自由のプロ〟としての義務感のような思いに突き動かされて、「出来たらいいな!こんな駅」という形のアンケート用紙(資料・別紙2—1)を配り障害を持つ人だけでなく、広く市民の方々の意見も集めることにしました。

(資料・別紙2—2)の回答者の身体状況の内訳でもわかるように、何らかのハンディがある人が予想以上に多く(二十五パーセント)、その中には膝が痛いとか腰が痛いというようなトラブルを抱えている人や、妊娠中の女性やベビーカーを押したお母さん、病後で体力の低下している人、けがをして松葉杖を使っている人などが含まれています。また、四十歳を過ぎると今は特にどこも悪い所はないが、将来はどうなるかわからないという漠然とした不安を感じている人が六パーセントあります。現在障害を持っている人が二十七パーセントですので、この三者をあわせると、五十八パーセントになり、半数以上の人がハンディを持って日々暮らしているということになります。

このアンケートの結果から私達は、障害者が使いやすい駅を追及することは障害を持たない市民にも使いやすい駅を追求することだとの確信を得ました。そしてアンケートの結果を市民の新しい駅に対する希望として一冊の冊子に集約し、「阪急伊丹駅アメニティターミナル整備検討委員会」に要望書として提出しました。委員会はそれと身体障害者福祉連合会が提出した要望書と二つの要望書をもとにして進められたのです。この要望書を提出したことで、障害者だけでなく障害を持たない市民の意見（資料・別紙2―3）も委員会に反映することができたと考えています。

## 「阪急伊丹駅アメニティターミナル整備検討委員会」をふりかえって

委員会の詳細については、他の方の稿に任せるとして、委員会の経緯の中で印象に残った点を挙げておきたいと思います（これも書ききれないのですが、おもなものだけ……）。

(1) 窓口団体といわれる団体の代表だけでなく、草の根の団体の代表も委員として起用したことによって、生の声を反映することができたこと

(2) 各委員の随行という形で、委員として参加している障害者以外の障害者にも委員会を公開したこと（条件つきではあったが）によって、より多くの障害者の思いを委員会に反映できたこと

(3) 委員会の事業として、インスタントシニア体験等、各委員が同じ時に同じ場所で同じ体験をしたことによって、〝不自由さ〟をより具体的に理解しあえたこと（百聞は一見にしかずの諺にあるように）

(4)　各種施設の見学を積極的に行い、検討に反映したこと
(5)　完全設置前に工事現場を見学することにより、設置位置の微調整ができたこと
(6)　その他

完成した伊丹駅と駅前広場についてその再建過程を振り返ってみる時、整備された設備はもちろんのこと、それ以上に委員会の経過は非常に充実したものでした。

これまでは、事業者と利用者のあいだでは、障害者のための設備はお金がかかる、利用者の話を聞いているときりがない、高いお金をかけて作っても何人の方が利用されるのですか、何かあったら誰が責任をとるのですかと、まず中心におくべき〝利用者の利便性〟はそっちのけの議論が先行していたように思います。そのたびに「誰のためにつくっているのですか？」と問い返したくなる悔しさを味わわされてきました。そんな長い歴史も手伝って、委員会のはじめの頃はお互いの警戒心（？）も強く、うまくかみ合わないことも多かったのですが、それも回を重ねるうちに段々と溶けていったような気がします。きっと、一緒に行動したことによって障害者の大変さを実感として理解できたんだと思います。

お互いに反目（言葉は不適当かもしれませんが……）しあっていた事業者と利用者が壁を取り払って、利用者の快適性と利便性の追及のためだけにみんなで知恵を絞った委員会だったといっても言い過ぎではないと思います。〝みんな〟の中には委員として参加した三人以外の多くの障害当事者も含まれるのはいうまでもありません。随行としての委員会の傍聴や施設見学、点字ブロックの実地検証等に、忙しい時間を調整してみんなが積極的に協力したのですから……。

これまでなかなか実現しなかった〝策定段階からの当事者参加〟を、「交渉」ではなく

「協議、協働」という形で進めることができるということを実証することができました。

## 阪急伊丹駅が完成して――反省と今後の課題

〝策定段階からの当事者参加〟の第一歩として、委員会は大きな成果をあげることができたと思っています。しかし、お互いが真剣に議論したからこそ見えてきた問題点も多くあります。

(1) 省庁間の法律の壁によって、解決できない部分が多いこと（二〇〇一年の省庁再編で少しはその壁が低くなるかなと期待はしているのですが……）

(2) 利用者にとって、ひとつの建物を「官」の領域と「民」の領域を区別して見るのは至難の技。しかし、つくる側にはそれがとても大きな問題（ここにも縦割りの大きな溝がある）

(3) 〝情報のバリアフリー〟がまだまだ遅れていること

(4) ハード面ばかりではなく、ソフト面のバリアフリーまで踏み込むことが必要なこと

(5) 各地で制定されている「福祉の街づくり条例」はあくまでも最低基準であって、条例の規定どおりに作ればいいというような簡単なものではないこと

(6) その他

今回のように、それぞれの主張を練り合わせる形で一つの事業を進めていった例はこれまでにあまりなかった（というより、やろうとしなかったといったほうが正確かもしれません）ように思います。しかし、お互いの努力次第でできるのです。怖がらずにやってみること、そしてそれを成功させるためにみんなが汗を流すこと。それぞれがお互いの主張ばかり

するのではなく、歩み寄る努力をすること。そしてお互いが納得した上で整備できるものとできないものとを振り分けること。これらのことは「予算」を抜きにしては進まないのはいうまでもありません。今回の『阪急伊丹駅』はモデル事業ということで予算の面で非常に恵まれていたということは確かです。「モデル事業で予算があったからここまでできたのであって、我々の事業の予算の範囲ではなかなかそこまではできない」と考える事業者があるかも知れません。しかし、見方を変えれば、限られた予算だからこそ無駄遣いはできないのです。だからこそみんなで知恵をしぼりあわなければならないのです。二十一世紀の「物づくり」はみんなが一緒になって、よりよい物を求めて行くべきです。簡単なようでなかなか大変なんだけど、やろうと思えばやれるし、それが一番大切なことなんだということを『阪急伊丹駅』が教えてくれました。

今回の委員会が〝よかった、よかった〟で終わるのではなく、委員会も含めた『阪急伊丹駅』をたたき台として、現在まだまだ〝点〟でしか考えられてないバリアフリーを〝面〟に広げていかなければモデル事業の意味がありません。

「阪急伊丹駅アメニティターミナル整備検討委員会」をモデルとして、今後「限られた予算の中でどれだけいい物を作るか」という議論が利用者を交えて日本各地でたたかわされる事によって、障害を持たない人には考えられないようなバリアー（例えば、出発駅では乗り込めるが到着駅では降りられないという鉄道施設など）に移動を阻まれることなく、誰もがあたりまえに移動できる日が一日も早く来ることを願っています。

# 第3章

## 鉄道事業者にとっての人にやさしい駅づくり

# 第3章　1

# 伊丹駅におけるアメニティターミナル整備事業の推進と当社のバリアフリー化への取組み

阪急電鉄鉄道事業本部鉄道計画室　神谷　昌平

## 一　震災復興から利用者参加事業としての伊丹駅アメニティーターミナル整備事業の推進

### (1)　阪神・淡路大震災の勃発と伊丹駅の被害状況

平成七年一月十七日発生した阪神・淡路大震災により、当社の鉄道施設は大きな被害を受けた。

当社は、神戸本線、宝塚本線、京都本線を中心に延長一四〇・八キロメートルの路線で営業し、駅数は八十四駅、旅客車両数は一三二〇両である（数字はいずれも平成十二年度現在）。震災による被災箇所数は、土工関係で二十六箇所、高架橋を含む橋梁関係で七十箇所、停車場関係で六十四駅、軌道関係で三十一箇所、電気関係で十九箇所の他、脱線による被災車両は九十二両にも及んだ（表3―1）。

伊丹駅についても例外ではなかった。伊丹駅は神戸本線伊丹線の終端駅にあたり、明治四十三年の開業以来古い歴史を持つ。昭和四十三年には市の土地区画整理事業にあわせて高架化を行い、三階部にホーム、二階部に改札口を持つ高架駅となった。高架下の一階と二階部

表3－1　阪神・淡路大震災による阪急電鉄の被災箇所数

| | 土木 | | 擁壁 | 橋梁 | | 高架橋 | 停車場 | | | | 軌道 |
|---|---|---|---|---|---|---|---|---|---|---|---|
| | 盛土 | 切土 | | 上部工 | 下部工 | | ホーム | ホーム上家 | 駅舎 | 階段 | |
| 伊丹線 | 0箇所 | 0箇所 | 0箇所 | 0箇所 | 1箇所 | 1箇所 | 2駅 | 1駅 | 3駅 | — | 1箇所 |
| 神戸線 | 7箇所 | 0箇所 | 12箇所 | 24箇所 | 37箇所 | 5箇所 | 10駅 | 13駅 | 14駅 | 5駅 | 9箇所 |
| 今津線 | 2箇所 | 0箇所 | 0箇所 | 1箇所 | 1箇所 | 2箇所 | 6駅 | 6駅 | 8駅 | 0駅 | 5箇所 |
| 甲陽線 | 1箇所 | 0箇所 | 0箇所 | 0箇所 | 0箇所 | — | 2駅 | 2駅 | 2駅 | — | 3箇所 |
| 宝塚線（注） | 2箇所 | 0箇所 | 2箇所 | 3箇所 | 6箇所 | 2箇所 | 7駅 | 11駅 | 19駅 | 4駅 | 13箇所 |
| 京都線（注） | 0箇所 | 0箇所 | 0箇所 | 0箇所 | 0箇所 | 1箇所 | 2駅 | 4駅 | 18駅 | 0駅 | 0箇所 |
| 合　計 | 12箇所 | 0箇所 | 14箇所 | 28箇所 | 45箇所 | 11箇所 | 29駅 | 37駅 | 64駅 | 9駅 | 31箇所 |

（注）宝塚線・京都線には，本線および支線を含む。

写真3－1

分には銀行のほか、「タミータウン」等多くの商業施設を持っていた。伊丹駅は土地区画整理事業の際に、駅の位置を二百メートル西北に移設し、四箇所の道路と立体交差するとともに、市が周辺道路を拡幅し駅前広場を設置するなど市内交通の円滑化を図ったため、伊丹市の中心ターミナル的な機能を担ってきた（写真3―1）。

伊丹駅の被害状況は以下のようであった。高架橋（鉄筋コンクリートラーメン構造）が約四四〇メートルにわたって被災した。特に駅中央部においては、高架橋の柱が大破し、高架橋全体が倒壊する全壊状態であった（図3―1）。一階の柱が圧壊、構造全体が変形し、ラーメン間に架けられていたスラブが脱落した。これに対して二階部の柱は被害があまり見られず、大きく傾いているがラーメン内部の空間は確保された状態となっていた。南側の都市計画道路上の架道橋の落橋は免れたが、駅部の高架橋は全面撤去し再構築する方法しかとることはできない状態であった（写真3―2）。

(2)　駅再建案立案からアメニティ委

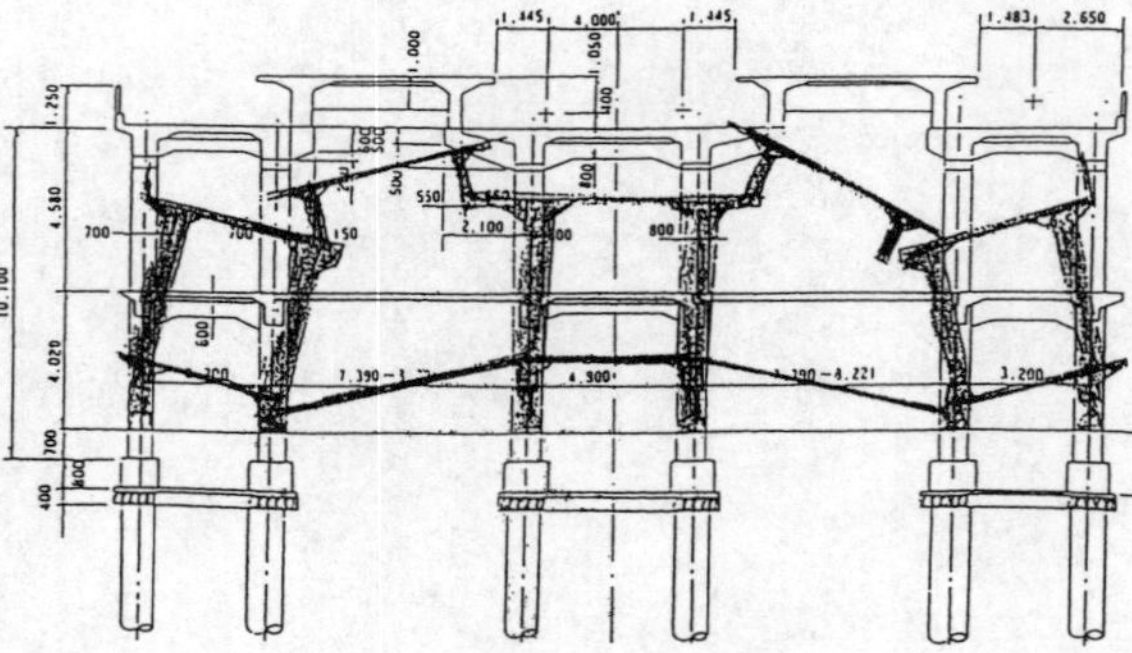

図3－1

員会の設置まで

伊丹駅の再建にあたっては、当初はできるだけ早く利用客の足を確保するため、最短の期間で当社用地内で従前の形態に近い高架駅を再構築する計画を立案していた。伊丹駅については、震災直前に、高架駅を改築しエレベーターを設置する構想があり、震災直後の計画においても当時当社施設として標準としていたエレベーター（十一人乗り）に、エスカレーター、車いす対応トイレ等を設置したバリアフリー駅とするというものになっていた。

平成七年三月十一日には、倒壊した伊丹駅の南側約四百メートルの盛土部に一面一線ホームを備えた平面仮駅を設置し営業が再開された（写真3―3）。

その頃から、市より駅前広場機能の充実等駅周辺整備についての計画の提案があり、駅前と一体となった復興計画の可能性も視野に入れるようになった。一方、国土交通省（当時運輸省）からは、伊丹駅を徹底的にバリアフリー化を図ったモデル駅として再建する旨の意向打診があり、震災からの再生を目指す当社としても、二十一世紀に向けた「新生阪急」の姿を具体化するため、伊丹駅の再建を震災復興のシンボルとして位置づけようと考えるようなった。平成七年秋頃からは、伊丹駅の再建に関し、障害者団体等からバリアフリー化に関する要望が寄せられるようになったが、この内容は障害者当事者の持つ要望を体系的かつ具体的に整理したものであり、駅を利用者の視点から捉えようとしていた当社にとって大いに参考になるものであった。

これらの流れを経て、伊丹駅が国土交通省の認可法人である交通エコロジー・モビリティ財団（当時交通アメニティ推進機構）の推進するアメニティターミナル整備事業（日本財団補助事業）のモデル駅として再建されることが決まり、平成八年四月には第一回の阪急伊丹

写真3―2

写真3―3

駅アメニティターミナル整備検討委員会(通称アメニティターミナル委員会)が開催された。

これより先平成八年三月には、伊丹市との間に伊丹駅および駅周辺の復興に関する基本的合意が成立し、行政機関と鉄道事業者が協力して復興計画を推進することとなった(平成八年八月には、市により「阪急伊丹駅周辺整備事業」が都市計画決定)。

(3) アメニティターミナル委員会の活動内容

アメニティターミナル委員会は、交通エコロジー・モビリティ財団を事務局とし、移動制約者(高齢者・障害者)代表、学識経験者、近畿運輸局、兵庫県、伊丹市および当社によって構成した。

また、各委員が移動制約者と同じ視点を持って計画を進めるため、ワーキンググループを設け、他駅施設を車椅子で利用する会、音声ガイドシステムの体験会、工事中の現場見学会等を実施した。

委員会に出された要望については、委員会設置前に当社が受け取っていた内容を含め二百項目以上にも及んだが、「これまでの駅施設の福祉的整備水準を超えるモデル駅実現」というコンセプトを実現するため、移動制約者を含む利用者の要望を徹底把握し、実施可能な内容についてはできる限り計画に反映させていくという手法で取り組んだ。以下に代表的な事例を挙げる。

① 階段、エスカレーターの動線およびエレベーター位置の変更

委員会開始時点では、駅、商業施設の複合ビルの一般的な構造である、中央(コア)部に階段、エスカレーター、エレベーターの縦方向の主導線を集約し、改札口のある三階部

から商業施設に人が流れる動線計画を採用していた。

委員会では「シンプルな動線の確保がすべての人に最も重要」との合意が形成され、これにより新設する北側駅前広場から最上階である五階までが見通せる一直線の主動線を採用するとともに、視認性向上のため階段部には吹き抜けを多く採り入れるよう計画の変更を行った。また、当初の計画では奥まった位置にあったエレベーターの位置を改善し、駅前広場正面の最もわかりやすい位置に大型エレベーター二基を配置した。

② 緊急避難用スロープの設置

第2回の委員会において、「改札口がホーム北端に設置されるが、ホームが南北に長いのにかかわらず一箇所しか設置されていない。移動制約者は火災時等の緊急時に健常者のように避難ができない。緊急時における車いす利用者等の避難路を確保するため、ホームの南端にエレベーター等の避難経路を確保して欲しい。」との提案が出された。しかし、ホーム内に緊急避難用のエレベーターやスロープを設置し、階下へ避難経路を設置することは、階下のスペース上設置が困難であった。また、無理に設置しても、緊急時にしか利用しない施設が、ホームの通行可能な有効幅を狭めることにもなり、かえって平常時において車椅子の通行がしにくい構造となる。検討を重ねた結果、ホーム端部に避難用のスロープの設置をするとともに高架上（都市計画道路との交差部上部）に避難用スペースを確保することとした。

③ 車椅子用トイレにおける仕様変更

車椅子利用者から健常者との区別なくトイレを利用したいという要望があり、男女別のトイレ内にそれぞれ車椅子用トイレを配置した。また、委員会の終わり頃には異性介護の問題が指摘されたが、この場合はコンコースから直接出入りできる車椅子用トイレが望ましいので、三階の構外部に別途設置した。

設計細部の問題として、車椅子トイレの鏡については、傾斜鏡を採用することが諸基準では示されている。しかし、車椅子利用者からは、見下ろされるような感じがするとの指摘を受け、低い視線でも利用できるようサイズの大きな平面鏡を設置した。また、フックの高さ、手すりの位置等についても細部に至る提案を受け、設計に反映している。

この他、車椅子利用者には脊椎損傷者が多いため、汚物等をトイレ内で洗浄できる施設を設置できないかとの提案を受け、汚物流しのシンクを車椅子トイレ内に設置した。

④ 音声ガイドシステムの設置

視覚障害者の案内誘導については、音声による案内が有効であるとされており、委員会においてもかかる要望が出された。一方、現状で決定的な方法は確立されておらず、このため他社の鉄道施設、空港、地方自治体等での事例を数多く調査、検討した。

その結果、「視覚障害者の案内誘導に有効な方法であるとは言い切れないが、現段階の技術としては最も望ましいものではないか」という視覚障害者等からの意見に基づき、白杖あるいは携帯型発信に反応し、音声により施設を案内するシステムを設置した。

⑤ ホームからの転落事故対策

意見が多く出された設備として、視覚障害者等のホームから線路への転落防止対策としてのホーム柵があげられる。これに関しては、委員会でかなりの回数の議論を行った。また、当時の運輸省鉄道局で検討されていた「固定式ホーム柵検討会」(鉄道駅における視覚障害者に配慮した誘導方策等の検討に関する調査:平成七〜九年度)へ参加し、意見交換も行った。

しかし、ホームの曲線部における見通しの問題、引きずり事故に対する安全性の問題等、解決しなければならない問題が多く、採用は見送ることとなった。

なお、視覚障害者の転落防止対策として、後述する車両連結面間への転落防止装置を取り付けることとした。

### (4) 本事業を振り返って

アメニティターミナルとしての伊丹駅の再建事業を振り返って、いくつかの点を指摘したい。

#### ① 駅前広場との一体的整備

駅と同時に、駅前広場を新設・改築するため、バリアフリー化を駅と駅前広場を一体的に検討することができたことが特筆できる。交通バリアフリー法で掲げられているまさにモデルとなる空間が整備できたと考えている。

#### ② 商業施設との調整

委員会においては、商業施設およびテナントの内部の仕様までのバリアフリー化を議論した場面もあったが、事業としては、当社施設は駅施設のみを対象として委員会は運営されたため、商業施設との調整について、ある程度限界があったことも事実である。

#### ③ 利用者参加型の事業として

特に利用者参加事業としての本事業を振り返って、次の点を指摘したい。

当社としては、当事者ニーズの把握の重要性については充分認識していたが、利用者参

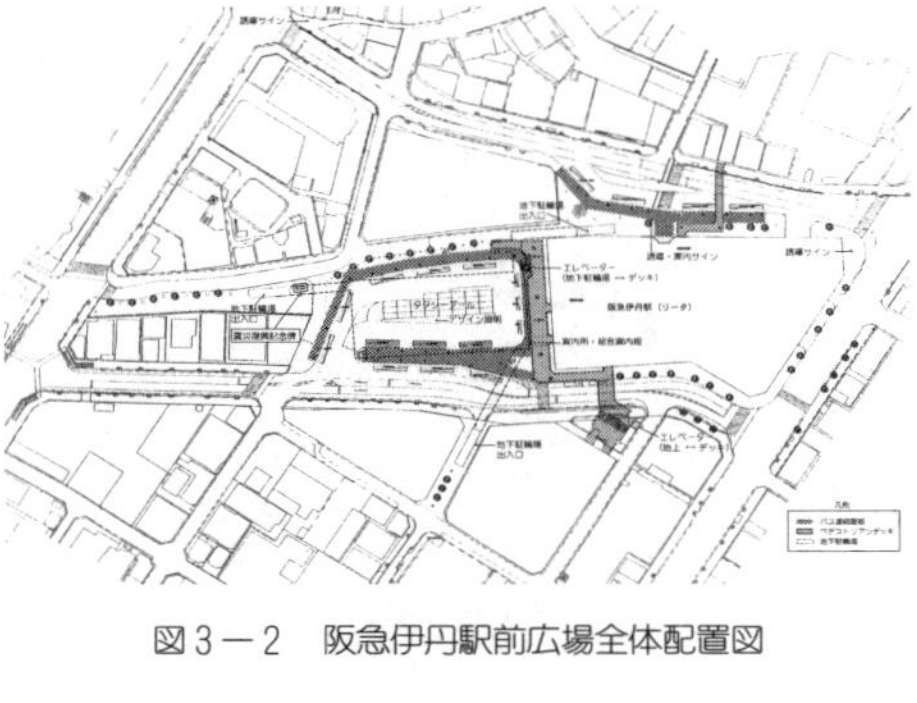

図3－2　阪急伊丹駅前広場全体配置図

加型の事業である当事業は公共交通機関のバリアフリーという概念が一般化する以前における実施で、わが国初めての取組みでもあったため、事業に選定されるに際して慎重な判断を要した。

事業が順調に進捗したのは、当事者委員による㋑要望、意見の的確な把握と提案、㋺事業者サイドからの提案に対する可否の判断と、各種障害者団体等における合意形成への責任ある調整等の尽力によるところが大きい。

今後大規模な施設の改良や周辺の都市施設と一体とした施設整備を行う場合には、交通バリアフリー法の趣旨を最大限生かせるよう利用者参加型の事業を推進することが有効であると考える。

④ 限られたコストと時間の中での諸調整

数多くの意見を、限られたコストと時間の中で計画、設計に採り入れるために、社内関連部署、設計業者、施工業者、行政との調整を短時間に進めることが必要であった。

⑤ 社内支援体制の重要性

委員会を、さまざまな要望を具体的計画に生かすための実質的審議の場として活用するためには、鉄道施設管理部門、商業施設計画担当部門等、当社他部門の支援を得る点が重要であった。

(5) 平成十年十一月二十一日

夜明け前の午前五時三分、始発列車は百名を越す利用者に迎えられ、ホームを出発した。高架駅が倒壊するという、誰も経験したことのない震災発生から三年十か月、多くの方々のさまざまな支援を得て、新しい阪急伊丹駅の歴史が始まった。朝早くにもかかわらず、多くの方々に歓迎されスタートできたことは、当社担当者としては感無量の思いであった。

## 二　当社のバリアフリー化への取組み状況

わが国では急速な高齢化が進行する一方、肢体、視覚、聴覚等さまざまな障害を持つ人の自立と社会参加の要請が高まっている。また、高齢者、障害者のほか、乳幼児を連れた人、妊婦、外国人等の移動制約者を含め、誰もが外出の際に駅施設、車両を安全・快適に利用できるよう整備を進める必要がある。

当社は、この前提に立ち「すべての人に優しい鉄道」の整備を計画的に進めている。ここでは、当社のこれまでのバリアフリー化の取組み状況と今後の方向性について紹介する。

### (1)　公的助成制度の概要

#### ①　地方自治体による補助制度

バリアフリー化に対する助成制度に関しては、地方自治体では大阪圏の取組みが最も早かったといえる。大阪府が全国に先駆けて平成四年に福祉のまちづくり条例を制定する一方、エレベーターへの補助制度についても同時期に大阪府、大阪市、兵庫県、神戸市等の各自治体で制定された。当社では、これらの補助金を活用して、九駅に十三基のエレベーターを設置した。

#### ②　国土交通省の補助制度と交通バリアフリー法の制定

国の助成制度としては、国土交通省（当時運輸省）が平成六年度からエレベーター・エスカレーターを対象に交通エコロジー・モビリティ財団（当時交通アメニティ推進機構）と十分の一ずつを補助したのを皮切りに、平成十年度には国、地方自治体、鉄道事業者が広範なバリアフリー施設を対象にそれぞれ三分の一ずつ負担する「交通施設バリアフリー化設備費補助金制度」が創設された。これにより、従来の地方自治体の補助制度とあわせ当社ではエレベーターの整備がより一層進捗した。

平成十二年には交通バリアフリー法が制定され、駅施設を新設、大改良する場合には、及び車両を新たに導入する場合には、移動円滑化基準（バリアフリー基準）に基づく整備が義務付けられることとなった。

(2) エレベーター・エスカレーターの整備状況

① これまでの整備状況

当社は、高架駅、地下通路のある駅等の整備にあたり、車いす利用客の移動に際しては、エレベーターの設置がバリアフリー化の基本であると考えている。エレベーターは、昭和五十四年神戸本線園田駅の高架化の際に初めて設置した。

エスカレーターは、高齢者を含む多くの利用客に優しい設備であり、昭和三十七年京都本線の地下延伸工事の際に、河原町駅に初めて設置した。

エレベーター・エスカレーターの整備は、昭和四十一～四十八年にかけて実施した当社最大のターミナル駅である梅田駅の移転工事をはじめ、連続立体交差事業等の鉄道高架化および橋上駅舎化等の大規模改築に併せて推進してきた（表3―2）。平成に入ると、地方自治体および国の助成制度も創設され、整備が促進されている。

当社の駅数は全線で八十四駅であるが、このうち交通バリアフリー法の直接対象となる一日の乗降人員五千人以上で、プラットホームと公共通路との間における上り方向の高さの累計が五メートル以上ある駅は五十九駅である。そのうち、二〇〇〇年度末でのエレベーター・エスカレーター設置駅はそれぞれ三十四駅・八十五基、三十六駅二一九基であり、整備率はそれぞれ五十八パーセント・六十一パーセントである（表3―3）。

② 今後の垂直移動についての考え方

国、地方自治体の補助制度を活用しながら、エレベーター・エスカレーターを計画的に整備する予定である。

しかし、既存駅を改造して設置するためには、構造的、用地的に設置困難な場合が多く、上記五十九駅のうち約二十パーセントは大規模な改良なく整備を実施するのが困難であるのが現状であり、そのような駅における対応としてレール式階段昇降装置（写真3―4）の設置（五駅）、あるいは階段昇降機の設置（六駅）を進めている。

表3－2　阪急電鉄のエスカレーター・エレベーター設置基数の推移

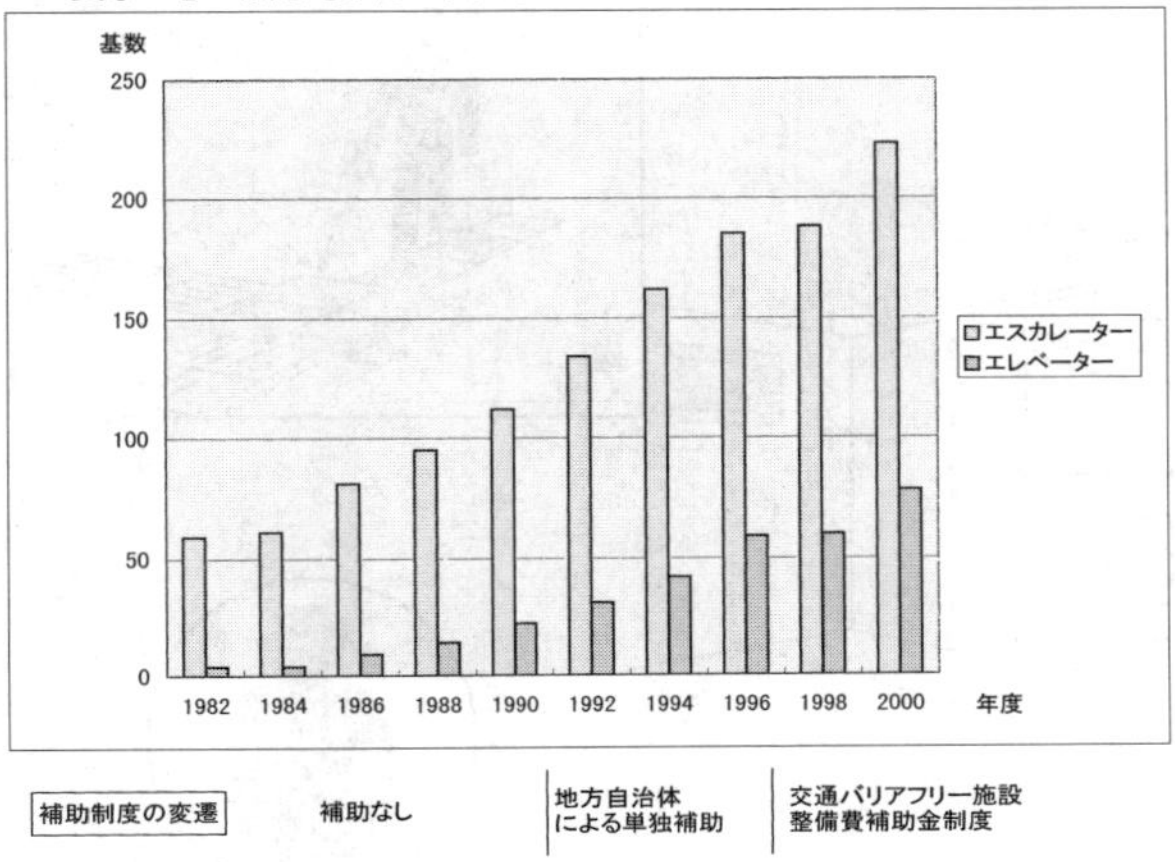


また、駅には、駅の構造、列車運転本数、停車列車の種別、乗降人員、地形等駅の性格に即した整備が必要である。例えば、駅によっては、エレベーター・エスカレーターを整備するよりも、付近の道路に直接接道する改札口を設置することが、バリアフリー化と同時に、利便性向上に資する場合も多い。

これらを総合的に考慮し、駅施設の垂直移動におけるバリアフリー化を計画していく考

表3－3　阪急電鉄のバリアフリー化整備率（平成12年度末）

| | エレベーター | エスカレーター | スロープ | 身障トイレ | 点字券売機 | 警告・誘導ブロック | 盲導鈴 |
|---|---|---|---|---|---|---|---|
| 設置開始 | 1979年（昭和54年）園田駅 | 1962年（昭和37年）河原町駅 | 1976年（昭和51年） | 1978年（昭和53年） | 1975年（昭和50年） | 1973年（昭和48年）山田駅 | 1976年（昭和51年） |
| 設置状況（2000年度末） | 58%（34／**59**） | 61%（36／**59**） | 57%（48／84） | 79%（66／84） | 100%（84／84） | 100%（84／84） | 100%（84／84） |

※太字は，乗降客数5000人／日以上，高低差５m以上の駅数を示す。

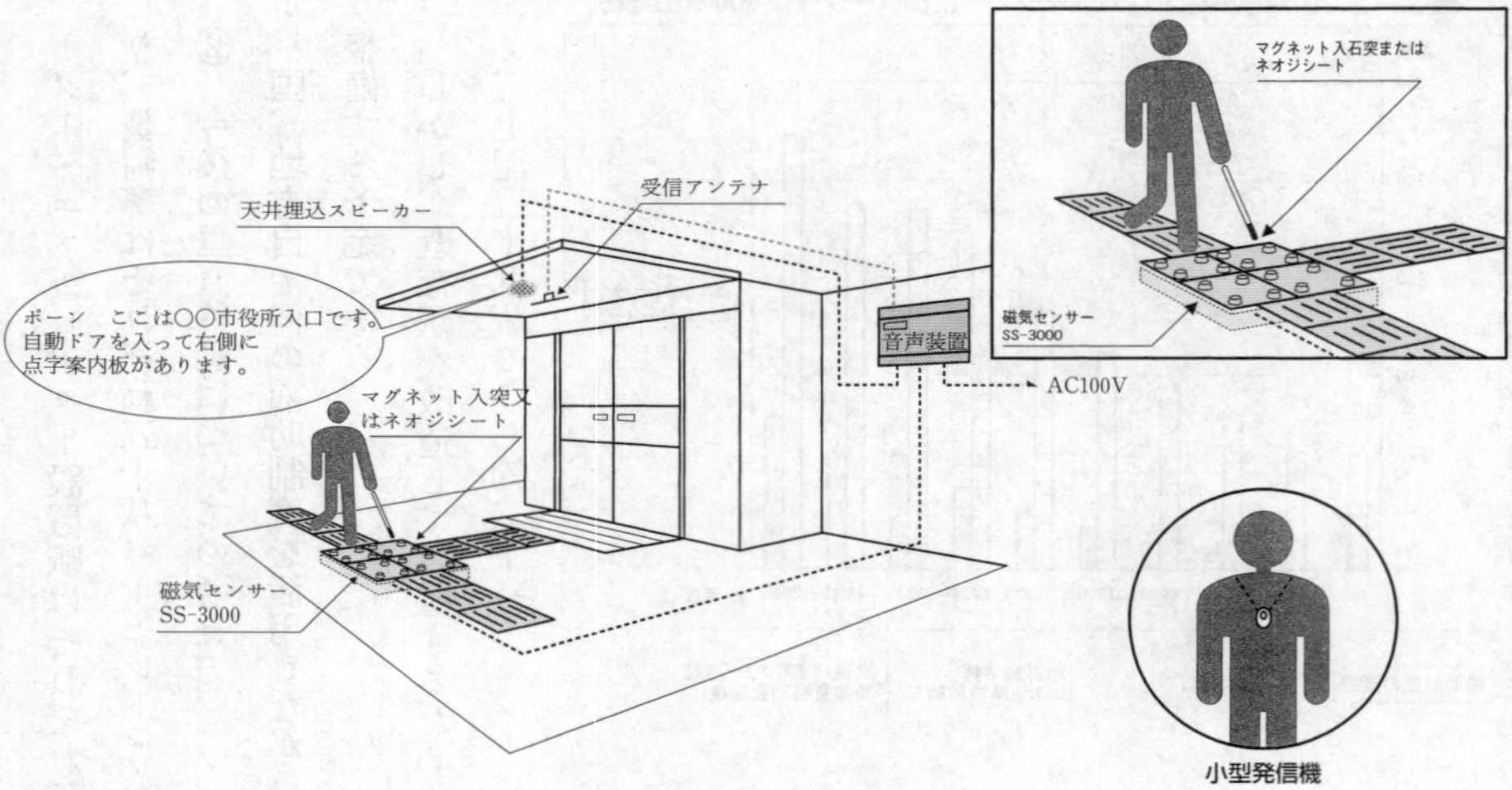


図3－3

えである。

(3) その他のバリアフリー施設の整備状況

① 視覚障害者誘導用ブロック等

視覚障害者への案内設備として、全駅に視覚障害者誘導用ブロックを整備しているほか、盲導鈴、自動券売機・手すり等への点字表示、点字運賃表等を整備している。

視覚障害者誘導用ブロックは、昭和四十八年の千里線山田駅以降整備を進めてきた。規格が統一されていないため、点状ブロックについては当初三十センチメートル角のタイルに六十四点あるタイプを使用していたが、現在は四十一点タイプを採用している。また、張り方についても明確な基準が無かったため、試行錯誤を繰り返し整備を進めた。

点字案内板は、神戸線西宮北口駅他に設置している。但し、視覚障害者のうち点字利用ができる方の比率は約二十パー

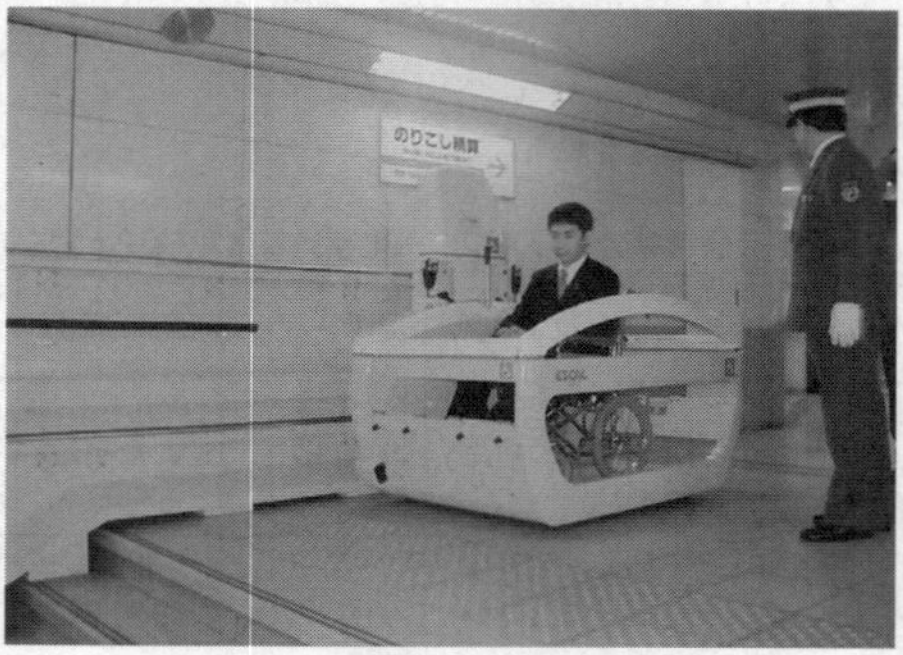


写真3－4

セント程度でしかないとのデータもあり、今後は音声による案内を充実させる必要があるとの意見が多い。こうした点を踏まえて、伊丹駅では点字案内板に音声機能を付加した案内装置を設置している。

また、伊丹駅では音声ガイドシステム（図3－3）を設置した。これは白杖あるいは携帯型発信機に反応し、音声により施設（伊丹駅の場合、改札口、エレベーター、点字案内板、音声付き点字案内板）を案内するシステムである。白杖式の場合、視覚障害者自身が使用している白杖の先に磁石のついたシールを貼りつけ、磁石が移動することで床に埋め込まれたセンサーが磁気に反応して音声を発する。携帯型発信機式の場合は、道路において移動制約者対応交通信号機に対応する携帯型の小型発信機からのＦＭ電波を受信し、音声を発するものである。

②　転落検知マット、非常通報ボタン

曲線区間にあるホームでは、ホームと列車の間の隙間が大きくなるが、このような箇所には利用客の転落を検知する転落検知マットを設置している（写真3－5）。列車停車時に転落などの事故が発生した時、アクシデントサインが点滅し、乗務員等に知らせる。当社では十五箇所に設置している。

また、ホーム幅員が狭く混雑するホーム、ホームと列車の間の隙間が大きい箇所には非常通報ボタンを設置しており、事故発生の際このボタンを押すとアクシデントサインが作動する。当社では三十七駅に設置している。

③　渡り板

電車の床面とホームとの間には、隙間および段差が生じるため、車いす利用客の乗降時

写真３－５

には、駅係員が介助の上、渡り板を提供している。この渡り板は、折りたたみ式で持ち運び容易なものであり、全駅に配置している。

④ 行先案内表示器

聴覚障害者等への情報提供手段として行先案内表示器が重要であるが、当社では平成十年伊丹駅に設置したのを皮切りにLED方式を採用している（写真3─6）。従来の点灯式、字幕式、フラップ式は、視認性に優れる面があるものの、情報表示量に限界があり、さまざまな文字情報を提供できないという問題点があった。

LED方式の表示内容は、列車種別、行先、発車順、発車時刻、停車駅案内に加えて、警告表示、異常時案内、列車接近状況等である。特に、列車接近状況は、次に到着する列車の接近状況を二駅手前から矢印で表示する仕組みとしている。

また、異常時案内は、伊丹駅の委員会での意見を参考に採り入れたもので、雪害、台風等による当駅、当社他線でのダイヤの乱れ等の情報を表示する。

平成十二年度には九駅で当表示器を整備した。

⑤ ファクシミリ

聴覚障害者等向けに、伊丹駅他の計十七駅にファクシミリを設置している。聴覚障害者に対しては無料提供している。

⑥ 授乳室等

乳児連れの人のために、伊丹駅他の計五駅に授乳室を設置している。特に伊丹駅においては、駅の改札口横のわかりやすい位置に配置し、一日あたり十数組の利用がある。

このほか、トイレへのベビーシート（ベッド）の設置を進めている。

写真3─6

写真3－7

⑦ 自動改札機、自動券売機等

自動改札機については昭和四十二年にわが国で初めて北千里駅に設置したが、車いす利用客のための通路幅九十センチメートルの幅広型自動改札機を伊丹駅で初めて設置した。幅広型については、その後駅施設の改築にあわせて順次整備を進めている。

また、ソフト面からのバリアフリー化として平成四年に切符を買わずに電車を乗降できるストアードフェアシステム「ラガールスルー」（当社線内で利用可能）をスタートした。このシステムは、平成十二年度末現在で関西の民鉄、公営交通等二十九社局の電車、バスで利用できる「スルッとKANSAI」として広く関西圏での利用が可能となっており移動制約者の円滑な移動に貢献している。

自動券売機は、デビットカードおよびPersonaカード（阪急東宝グループのクレジットカード）に対応し、キャッシュカードでも定期券の購入が可能な新型券売機（写真3－7）を平成十二～十三年度にかけて全駅に設置する。この券売機では、視覚障害者のための音声案内と運賃金額の数字ボタンによる入力（電卓キー方式）が可能である。

(4) 車両におけるバリアフリー施設の整備状況

① 転落防止装置

視覚障害者のホームからの転落事故のうち、特に重大事故につながる危険性の高いものとして列車の連結面間への転落事故があげられるが、これを防止する対策として連結面間に転落防止装置の設置を進めている（写真3―8）。平成十〜十二年度の三ヶ年で全車両への取り付けを完了した。

② 車いすスペース

車両の新造・改造に際して、車いすスペースを設置している。設置箇所数は、新造車両には各車両に一箇所、改造車両には二車両に一箇所としている。平成十二年度末での整備率は、約三十パーセントの編成に整備している。

③ 車内案内情報装置

車内での次駅案内、停車駅案内等を行う車内案内情報装置を新造車両に設置している。近年車両の新造が少ないため整備率は約三パーセント程度に留まっているが、平成十二年度より一部既存車両にも設置している（写真3―9）。駅の行先案内表示器と同様、利用客へのきめの細かい情報提供と聴覚障害者へのバリアフリー化対応として、今後整備の充実が必要であると考えている。

この他車両では、扉開閉時のドアチャイム、非常通話装置等の整備を進めている。

(5) 補助制度の面から見た今後の整備上の課題

現在の補助制度では、国がバリアフリー化施設全般を補助対象施設としているのに対して、地方自治体の補助対象施設はエレベーターのみとするのが現状である。また、国の補助金は地方自治体の補助金と同額とされていることから、実質的にエレベーター以外の施設に対する補助は受けることができないケースが多い。

加えて、車両に対する補助は、国、自治体とも対象外としているのが現状であり、これら

写真3―8

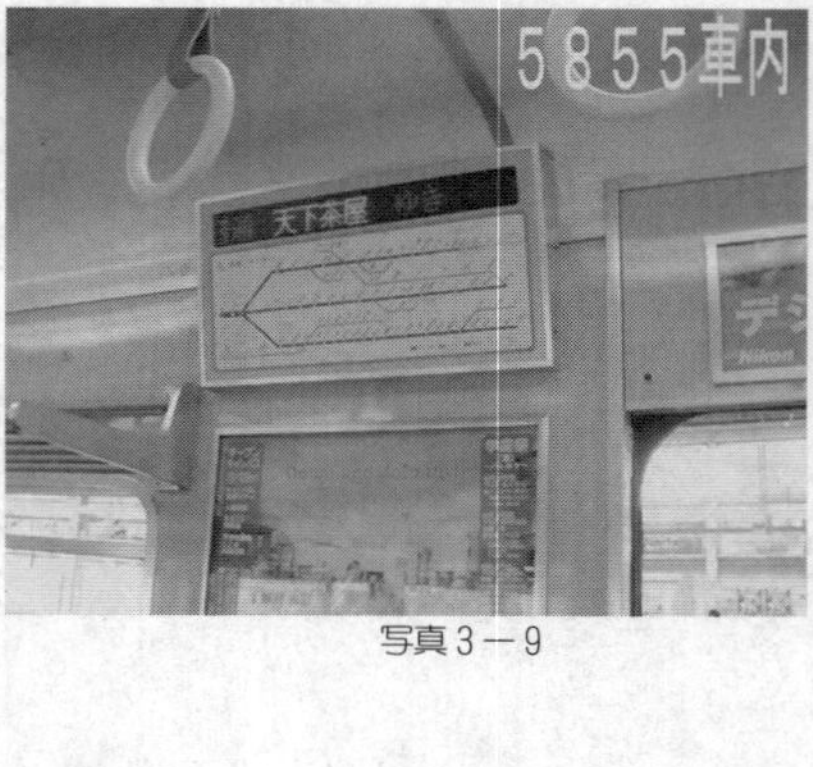


写真3―9

補助制度の充実が望まれるところである。

# 第4章

## 伊丹市におけるアメニティターミナル整備の推進

# 第4章 1

# 阪急伊丹駅の震災復興と駅前広場の整備

伊丹市水道局　次長（元伊丹市建設部阪急伊丹駅周辺整備推進室長）　濱片　正晴

## はじめに

平成七年一月十七日、観測史上最大級のマグニチュード七・二を記録した兵庫県南部地震（阪神・淡路大震災）で、伊丹市は、死者二十三名、重軽傷者二、七一六名、全半壊等建物の被害二八、七四五棟（五二、八三六世帯）を数え、新幹線高架桁の落下、道路・橋梁の陥没・亀裂、橋脚等破損八二七ヵ所、ピーク時の通行止め二八三ヵ所、一時避難者は七十一ヵ所の避難所で八、七七五人に及ぶなどの大きな被害を被った。

伊丹市は、兵庫県の南東部、大阪府に接し、市域面積は二十五平方キロメートル（図4―1、図4―2）。大阪と神戸に挟まれた阪神地域にある人口約十九万三千人の都市である。市の東部には大阪国際空港、中央部には僧行基が築造したといわれる、阪神間唯一の野鳥天国として冬季には渡り鳥でにぎわう昆陽池公園がある。昆陽（旧攝津国昆陽野）は、京都と西国地方を結ぶ旧西国街道（山陽道・現国道一七一号）沿いにあり、伊豆で挙兵した源頼朝討伐のため神戸福原に遷都していた平家軍が宿営した地であり、また後年神戸生田の森から一の谷にかけて陣取る平家を追討する源氏本軍がこの地で対峙し、双方が焼く遠火・向火が晴れた夜空の星か沢辺の蛍火かと平家物語にみえるほか、しばしば歴史に登場する町でもあ

図4―1

図4―2

る。

震災によって、特に阪急伊丹駅が倒壊したことは、駅に集中するバス運行にも影響し、通勤通学の便など市民生活に大きな打撃を与えた。阪急伊丹線の仮復旧は早く、四日後の二十一日始発から、約九百メートル南の新伊丹駅と塚口駅間の運転が再開されたものの、伊丹駅・駅前広場の早期復興は全市民の切なる願いとなった（図4―3）。

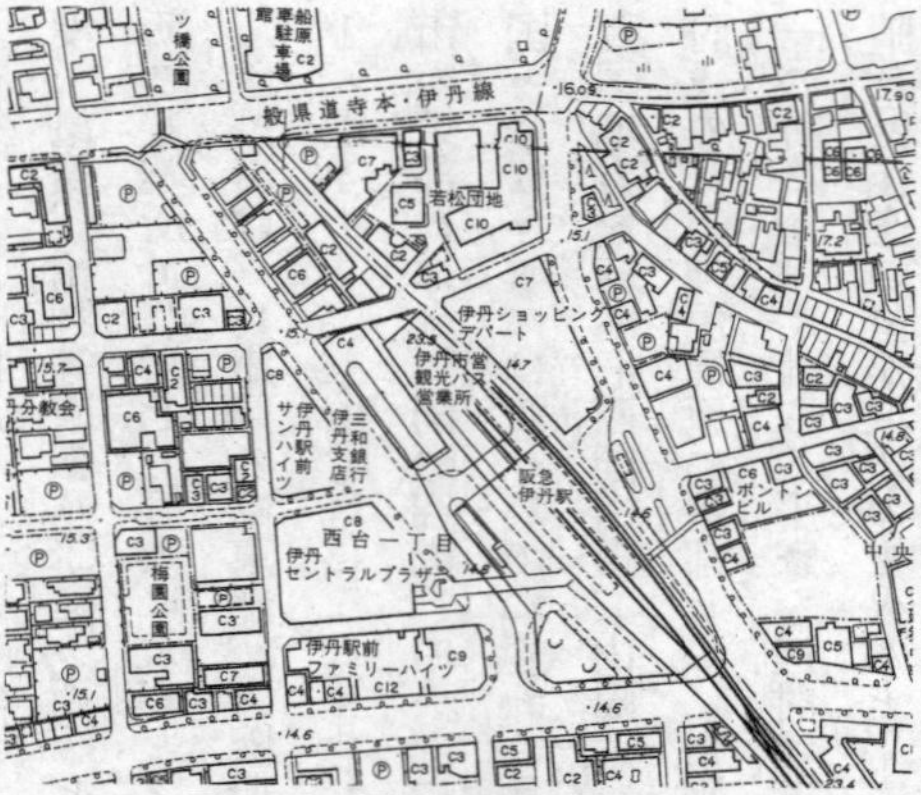

図4―3　震災前の阪急伊丹駅周辺

## 阪急伊丹駅の震災復興計画策定の経緯

阪急伊丹駅周辺地区復興の計画策定作業は震災直後から始められ、平成七年二月六日に「一案：鉄道駅舎及び広場を従前規模で復旧する」、「二案：広場は従前規模で駅舎を縮小し開発ビルを建設する」、「三案：鉄道駅舎を地下化し、広場区域拡大、開発ビルを建設する」の案が伊丹市震災復興本部に提示された。

復興は駅及び駅ビルの所有者である阪急電鉄との協働事業であったが、市の玄関口にふさわしい都市基盤の整備、交通結節機能の向上を図るため、最善の事業手法（街路事業か再開発か）を模索しながら計画の策定にあたった。

平成七年三月二十四日には伊丹市震災復興緊急整備条例が制定され、同四月二十七日には阪急伊丹駅周辺地区約二・一ヘクタールが重点復興地域として指定された。重点復興地域の整備にかかる成案（都市計画決定）、事業化に向けての具体的な作業は、三月一日に組織された総勢二十名の震災復興推進班が担当した。なお、この作業は「震災復興計画の策定」「住宅復興計画の策定」「倒壊家屋等解体処理事業の実施」「震災復興促進地区の整備（被害の大きい旧集落の整備）」業務と並行して進められたが、平成十年四月には他の業務が完了したことから「阪急伊丹駅周辺整備推進室」となり、以後は室長以下十名で取り組むことになった。

震災復興整備の基本方針は、従来から進めていた中心市街地の都市ゾーンとしての空間形成を目指す四極二軸構造の一極である西の玄関口として、①バリアフリー化された福祉に配慮した鉄道駅舎の再建、②バス・タクシーのりば等を機能的に配置し、本市の玄関口にふさわしい駅前広場の再整備、③従前の商業・業務機能の回復・再生をはかるとともに、総合インフォメーション施設等、中心市街地にふさわしい機能の導入をはかるというものであった。

駅ビルとの整合性については、平成八年四月からスタートした「阪急伊丹駅アメニティターミナル整備検討委員会」（以下アメニティターミナル委員会）の伊丹阪急駅ビルと駅前広場に関する提案を尊重、反映することで確保した。

平成八年八月には街路事業として都市計画決定されたが、それまでに行なった震災復興対策特別委員会等市議会への報告は十四回、周辺商業者等地元関係への説明会は九回、復興事業の協働者であり土地建物所有者でもある阪急電鉄とは、施行範囲の設定、駅ビル周辺整備の内容・工程、デッキ及び地下通路と駅ビルの接続内容・方法等について四十数回の協議・調整を行っている。

駅前広場の具体的な整備内容については、平成九年六月に設置された「阪急伊丹駅内外歩行者快適化検討委員会」（以下快適化委員会）の場で検討された。快適化委員会は、アメニティターミナル委員会の構成員でもある委員長や障害者団体代表のほか、高齢者代表、連合婦人会代表の参加を得た。三回の委員会において基本的な整備方針と整備内容をまとめ、五回の個別ワーキングにおいて障害者の方々と各施設の使い勝手、位置、形状、大きさ等細部の詰めを行ったが、イメージと仕上がりの違いをなくす意味で、必要に応じ試作品や現地の見聞、検証を行った。快適化委員会の基本方針は①利用しやすい駅前広場、②市民が訪れ、くつろげる駅前広場、③人にやさしい駅前広場、④わかりやすい駅前広場、④震災復興のシンボルとなる駅前広場、の五つが柱になる。

アメニティターミナル委員会、快適化委員会、またワーキングでの障害者の体験談からは、健常者の思い込みやバリアフリーに関して定められた基準どおりに造られたものが必ずしも利用面で満足するものではないことや、なぜそうしないとだめなのか、あらためてその必要性、重要性、意義を理解させられた（写真4—1）。

委員会における提案が現実かつ先見的にまとめられ、実現できた原因としては、①関係者全員が整備方針や計画内容を「今後のために」ではなく、定めたことを直ちに実現させる実施計画であることを認識して議論したこと、②委員会が実際に利用することになる障害者の気持ち、意向を具現化することを前提に的確に運営されたことに加え、③障害者団体を代表する方々が、単なる理想の追求ではなく、実理的に障害種別や程度による問題・課題の相違を超えて、少しでも多くの障害者が利用しやすい工夫ができないか、対処に限界があることに関しては一部でも希望を満たせる方法はないか等について、真摯な態度で終始実現に向けての最大の努力を払われたことが挙げられる。

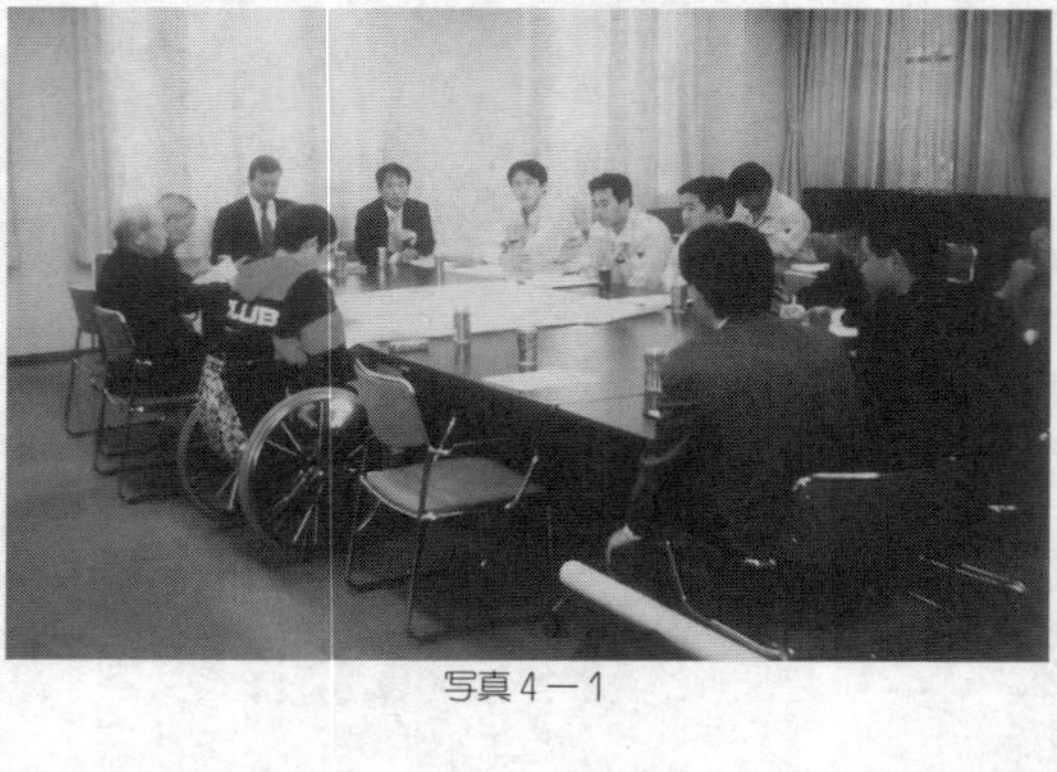

写真4—1

## 阪急伊丹駅周辺整備事業の概要

(1) 事業の概要、工期等

阪急伊丹駅周辺整備事業は、伊丹市の震災復興緊急整備条例に基づく重点復興地域約二・一ヘクタールを対象とし、伊丹市と駅及び駅ビルの所有者である阪急電鉄が互いに連携を図り、協働して実施した。

伊丹市が施行したのは、当時の建設省都市局所管の都市計画事業（街路事業）として駅前広場、歩行者優先道路、駅前広場地下の自転車駐車場、電線類地中化を主体とする都市基盤の整備と、交通エコロジー・モビリティ財団（以下エコモ財団）の助成を受けて行うアメニティターミナル整備事業としてのペデストリアンデッキ、エレベーター、視覚障害者が利用できるバス総合案内システム、音声ガイドシステム等のバリアフリー施設の整備である。一方阪急電鉄は、駅前広場等との整合を図りながら、エコモ財団の「アメニティターミナル整備事業のモデル駅」の選定を受け、これまでの駅施設の福祉的水準を超えるモデル駅の実現を目標に、駅舎（伊丹阪急ビル）復興事業を独自に行った。

工期は震災復興直後の平成七年度から平成十二年度に跨るが、駅前広場、特殊街路、地下自転車駐車場にかかる都市計画の事業の認可があった平成九年七月以降が、本格的な事業・工事期間となる。特に駅前広場については、旧駅ビル解体撤去後の平成十一年六月以降本格化するので、最終十二年度は十四社の元請業者が集中し、現場の問題・課題、工程、安全対策等について調整を行いながらの施行であった。

当初は平成十二年度内完成を目指し、年度別執行計画、資金計画を作成したが、途中目標を急きょ平成十二年十一月十日の市制施行六十周年の記念日に定める事になった。この約四ヶ月半の工期短縮は極めて厳しいものであった。移転補償・用地買収の問題に加え、必要な予算の確保、工事発注までの議会スケジュールの確保、信号・標識にかかる警察協議、バス停にかかる移転等バス事業者との調整、電線類地中化に伴うガス、水道、下水道の移設等問題が山積していたが、幸いにして都市基盤整備に係る予算については国の震災復興事業に対する大型補正の後押しを受け、またバリアフリー整備ではエコモ財団の配慮で、アメニティターミナル整備事業の助成金も工事の進捗に応じて適宜適切に受けることができたので、建物等移転補償、用地買収、工事発注へと円滑に事業を執行することができた。

(2) 事業費の概要

総事業費は約七十八億円である。内訳は、工種別に見ると工事及び設計費等約三十億円、用地・補償費が約四八億円となっており、用地・補償費が全体の六十パーセント強を占める。事業種別では駅前広場、特殊街路関係が約五六・三億円（七十二パーセント）、駐輪場約十・二億円（十三パーセント）。アメニティ関係六・四億円（八パーセント）、その他関連約五・一億円（七パーセント）となっている。財源的には国庫補助金が約三十一億円（対象事業費の五十パーセント）、エコモ財団助成費が四億円（対象事業費の六十二パーセント）、残りは市費約四十三億円となっている。

駅前広場と特殊街路の用地買収については、阪急電鉄所有の鉄道及び業務ビル用地等と伊丹市が所有する従前の広場用地等との交換で生じる面積差約一、九〇〇平方メートルを市が買収する方法で確保した。

移転補償については、北側広場事業地にあったRC造地下一階地上四階建の業務ビル（旧駅ビル）、震災後、阪急電鉄が旧駅ビルで被災した入居者の救済に建設した鉄骨造平屋の仮設店舗及び特殊街路予定地内の駐輪場、倉庫等付属施設の建物類と、この入居者、使用者である銀行、保険会社、医院、パチンコ店等十一社と仮設店舗の三十八店舗が対象になった。入居者の移転については、阪急電鉄の配慮により、伊丹阪急ビル（新駅舎ビル・平成十年十一月完成）に入居を希望する者の優先入居が実現できた。このため、移転期間の短縮が図れ、以後の工事工程等事業スケジュールの目途が立ち、予定通りの工事発注ができた。

## 駅前広場の概要

(1) 駅前広場の概要と設計思想

① 設計の基本的な考え方

老若男女、障害者も健常者も、誰にでも使いやすい施設整備を目指し、中でも障害者が一人で行動できることに重点を置いた。

交通結節機能の観点からは、鉄道とバス、タクシー、自転車の乗換というように、駅と駅前広場の利用は一体かつ不可分であるという認識から駅の福祉設備や仕様との統一を図った。

他に、アメニティ空間創出のためにはデザインも重要な要素であるという考えに基づき、駅ビルとの意匠の整合、駅前の繁雑さの回避を狙って、広場全体の基本色をモノトーンとした。また、青色のエレベーター・広場中央のオブジェをアクセントとし、植樹・タイルの統一により、隣接の特殊街路との連続的な広がりを狙った。

② 面積の確保と動線の単純化

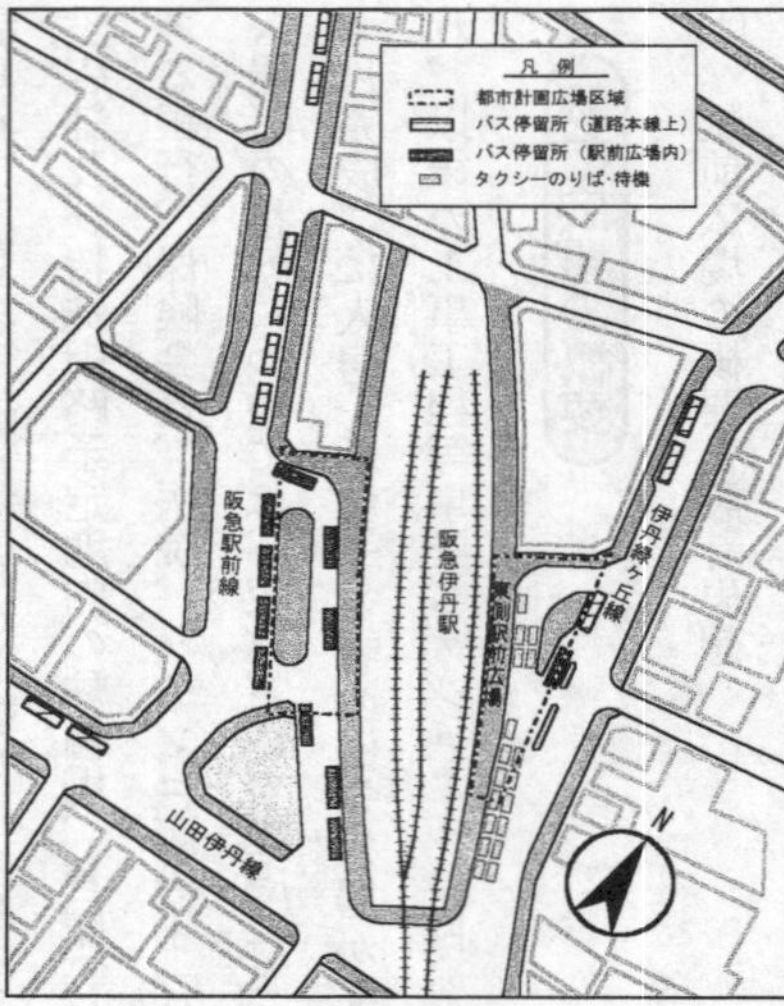


〈従前の駅前広場〉

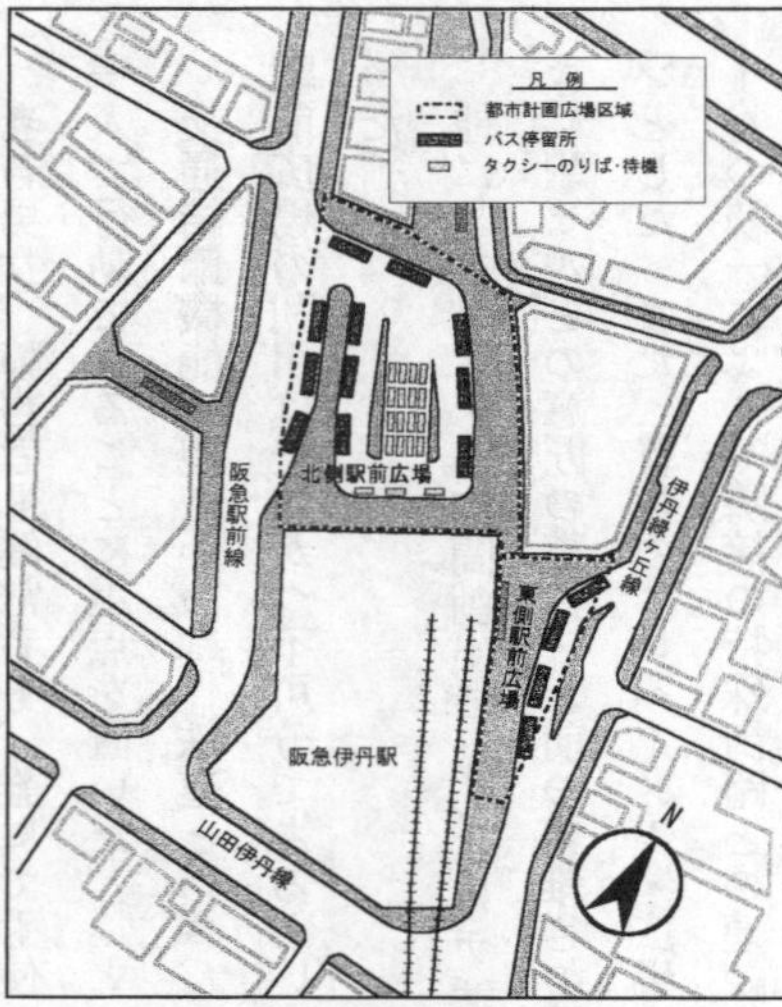


〈整備後の駅前広場〉

図4－4

従来の駅前広場は東西に分断され、面積も手狭であった（計二、六五〇平方メートル、うち駅舎の西側一、六五〇平方メートル、東側千平方メートル）ので、できるだけまとまったスペースを確保することが課題であった。この点については、線路を従来より南側で止めることにより駅北側にスペースを確保（四、四〇〇平方メートル）し、駅東側（千平方メートル）と併せて計五、四〇〇平方メートルの面積を駅前広場として確保した（図4－4、写真4－2、写真4－3）。

バス停については、従来駅前広場以外の道路上にも分散し計二十二ヶ所あったが結節機能強化の観点からも、方面別に十五ヶ所に集約し、北側広場に十一ヶ所、東側

写真4－3　東側広場

写真4－2　北側広場

広場に四ヶ所配置した（市バス十二、阪急バス三）。

タクシー乗り場は、兵庫県タクシー協会と協議の上、乗り場二ヶ所と降り場一ヶ所、待機台数二十四台分を北側広場に配置した。広場への進入については、広場内の安全性確保や混雑回避のため、バス、タクシー以外の一般車は制限している。

この結果、バス、タクシーで駅に来る人のかなりの部分が北側広場を利用するようになった。

次に、駅前広場と駅ビルの一体的整備を図る上で、北側広場から駅ビルへの動線をなるべく太く確保することが課題となった。この点については、駅前広場と駅ビルの接する部分を大きくとり、駅ビル側の駅前広場から駅（駅ビル三階）に至る動線を単純で判りやすくするとともに、駅前広場側のバス停、タクシー乗降場から駅ビルに至る動線も単純なものとした。また、駅に徒歩で来る人（車いす使用者を含む）が、駅及び各バス停に車道を横断せずに到達できるよう、出入口を一ヶ所とし、人と車の動線が交差しないレイアウトとした。

また、視覚障害者の誘導は、障害者自身が所在を認識しやすいシンプルな動線を目指した。誘導用ブロックは主動線に沿って敷設し、このとき、車椅子使用者、視覚障害者の歩行と一般通行が縦断的に交錯しないよう留意した。

③　ペデストリアンデッキの設置

駅前広場の機能強化と駅前広場から駅ビルへの動線の補強を目的に、駅ビル二階に接続するペデストリアンデッキを設置した。

④　地下駐輪場の設置

駅前広場空間の有効利用、駐輪能力の確保、不法駐輪対策のため、地下に自転車駐車場を設置した。

⑤　誘導ブロックの敷設

視覚障害者誘導用ブロックの敷設については、主動線のみに誘導を示す線状ブロックを敷設し、主動線以外は警告を示す点状ブロックのみを敷設した。

⑥　歩車道の段差等

歩車道境界の段差は、視覚障害者の識別性を考慮して一センチメートルとした。歩道の横断勾配は標準一・二パーセント、最大一・五パーセント、縦断勾配は最大二・〇パーセントを目標とした。

(2)　「利用しやすい駅前広場」に向けて

①　バス停の連続上屋

バス乗降時のほか、バス利用者以外の車椅子利用者や一般通行人の雨対策として、乗り場の歩道側四メートル（降り場はバス待ちスペースが不要なため三メートル）、車道側に一メートル、総幅五メートルの連続上屋を、駅ビルまで設置した（写真4―4）。

②　地下駐輪場

土地の有効利用はもとより、駐輪需要への対応、不法駐輪による通行阻害の解消、また駅への乗継ぎ性や周辺商業施設への接近性を考慮し、北側広場の地下に約二、四〇〇平方メートルの自転車駐車場を設置した（写真4―5）。

収容台数は自転車八六〇台、ミニバイク三二八台の計一、一八八台である。二段式ラックの上段は、女性、高齢者に配慮して持ち上げ負担の軽いガスシリンダー付スイング方式

写真4―4

写真4―5

を採用した。これは、上段ラックを引き下ろすとき下段の自転車の荷物カゴに当たらないよう横にズラせる方式であり、国内初の施設となる。

出入口については利便性に配慮し、ベルトコンベアー付き斜路三ヶ所、階段一ヶ所、駅ビル地下との歩行者用連絡通路一カ所、自転車も乗せられるエレベーター一ヶ所の計六ヶ所を確保した。ベルトコンベアー付き斜路は、人通りの多い広場内を通らなくても利用できるよう、広場の手前に設置した。

管理人室横のトイレは一般利用もできるようにし、障害者対応では利用しやすく、介護人の負担も軽減させせられるリモコン壁掛けタイプのウォシュレットとした。

(3) 「市民が訪れ、くつろげる駅前広場」に向けて

① 歩行者優先道路

駅前広場へのアプローチとして、最大幅員二十三メートル(十六メートル~二十三メートル)の歩行者優先道路を整備した。車道(インターロッキング)と歩道(磁器質タイル)の段差をなくし、中央排水を採用、街路樹、ベンチの整備と無電柱化で、市民が安心・快適に憩える場所として整備した。街路樹の一部は各種団体から震災復興記念として寄付されたものである(写真4—6)。

② ペデストリアンデッキ

接続先の駅ビル(二階部分)への通行に加え、駅前広場を補完するアメニティ空間として幅六メートルのペデストリアンデッキを整備した。上下移動は併設したエレベーターにより、地下の多目的トイレ、地上駅前広場、二階を結び、二階デッキから駅ビル、対岸歩道のエレベーターを結ぶ動線を確保した。エレベーター内ボタンの形状、配置、色につい

写真4—6

ては、特に障害者から細部に渡って要望がありそれらを反映させた。デッキ上のスロープは五・〇パーセントの緩勾配とし、勾配部分のタイル模様を水平部と区別し、前後の警告ブロックは敷設していない。

また、駅前広場における駅ビル隣接部分の、雨対策の機能も兼ねている。

(4) 「人にやさしい駅前広場」に向けて

① エレベーター

駅前広場とペデストリアンデッキの縦動線のバリアフリーを確保するため、北側広場の地上、地下（駐輪場）とデッキを結ぶ位置と、西側の道路とデッキを結ぶ位置にエレベーターを設置した。この二基のエレベーターは、いずれも車椅子利用を考慮して通り抜け型とし、自転車も乗れる十五人乗りとしている。

② スロープ

ペデストリアンデッキは駅ビルとの接続主動線はフラットであるが、従前デッキとの間に高低差が生じるため、二十分の一（五パーセント）のスロープで解消した。舗装材は歩道と同じ磁器質タイルであるが、スロープ部はスロープ用タイルを使用した。

③ 歩車道の段差等

歩車道の段差については交差点及びタクシー乗り場を一センチメートルとし、バス停の高さはノンステップバスの車椅子用スロープ板の使用に適した十五センチメートルとした。段差については、視覚障害者が識別しやすい高さと自転車、車椅子、高齢者等の乗越え感との両面を考慮する必要があるが、視覚障害者にとって段差の識別は人命に関わる問題であるため、白杖先で集中し注意すれば五ミリメートル位の段差は判断できるとの考え方もあったが、外出するだけで神経を使っている障害者の負担軽減を考慮し一センチメートルとした。

バス停の段差については、車椅子、足の不自由な人に段差の模型を使ってスロープ板の出し入れに支障しないかどうか検証してもらい、決定した（図４－５、図４－６）。

なお、新しく導入したノンステップバスの前面は、障害者の意見を取り入れて遠目にもノンステップバスと分かるよう部分的にオレンジ色に着色した。

歩道舗装は滑りにくい磁器質タイルを使用したが、材質の選定にあたっては試験的に敷設し、車椅子使用者、足の不自由な人、視覚障害者たちに、色彩、形、突起の感触を確かめてもらい、また誘導ブロックとのコントラストなどを確認した上で決定した。

(5) 「わかりやすい駅前広場」に向けて

① バス総合案内システム

バス総合案内板には、健常者用としてタッチパネル式案内システムと各種サインを配置した。タッチ式パネルの画面からは、バスの発車時刻と乗り場案内、公共施設の検索、目的地の地図表示等ができるようにした。

視覚障害者用としては音声触知図と駅ビル内の市の施設と結ぶインターホンを設置した。音声触知図はボタン操作で、広場内の目的のバス乗り場がどの方向にあるかを音声で案内する。また目的場所までは、白杖先端の磁気に反応する誘導ブロック下センサー埋め込み型（白杖型）と小型発信機利用型（ペンダント型）の両方で誘導する音声ガイドシステムを採用した。案内内容は、バス・タクシーの各乗場、駅ビル、案内板、エレベーター等の主要施設とし、分岐点では方向ごとに時間差で音声を流し、音声が聞える方向に進め

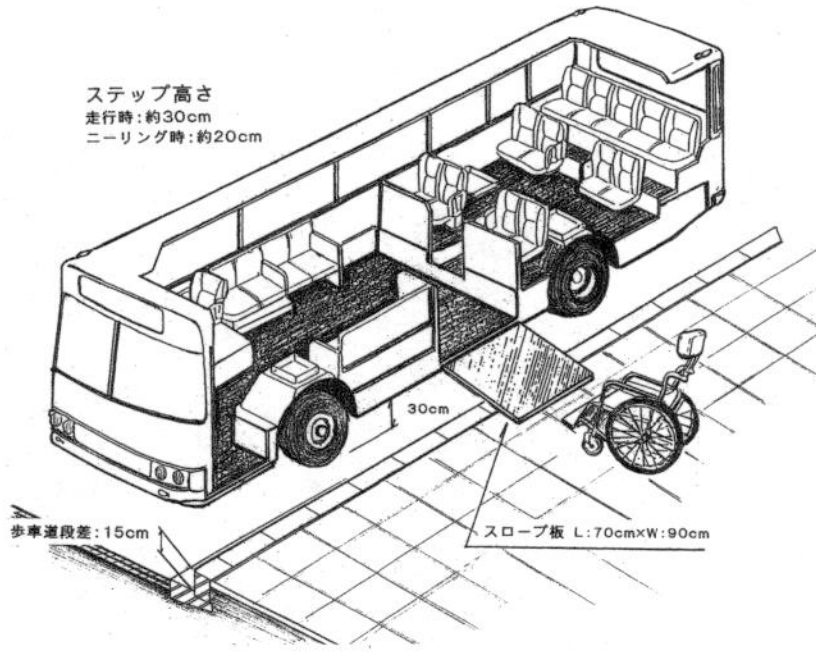

図４－５

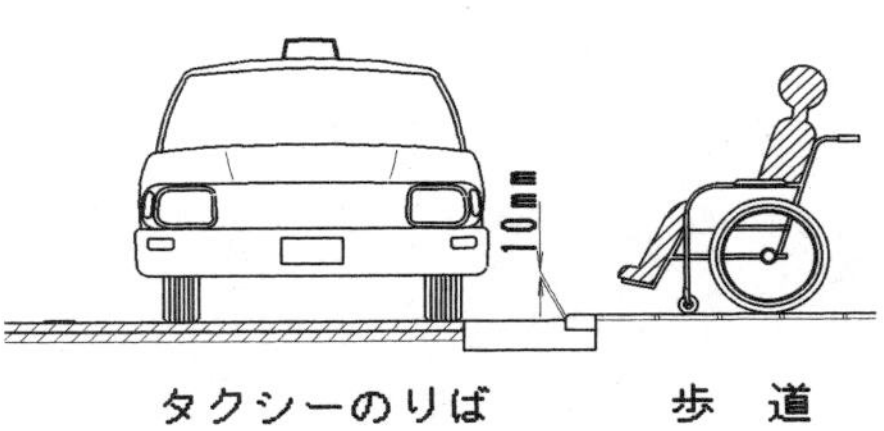

図４－６

ば目的地に向かって進めるようにした。また、駅ビルとは機種統一や誘導ラインの連続性を確保することにより一体性を図っている。（写真4―7、写真4―8、写真4―9、写真4―10）。

② サインシステム

案内板（サイン）については、乱立することを避け、交通結節の場（駅）を中心とした移動の補完施設として、設置場所の選定、見やすい文字、周辺施設との調和のとれたデザインなど都市景観にも配慮した。

③ 視覚障害者誘導用ブロック

視覚障害者誘導用ブロックはすべての動線に敷設すれば煩雑になり自分の所在がわからなくなるとの意見から、駅ビルと駅前広場との接続及び、駅前広場内では、乗り場に向けての主動線だけのシンプルで効率的（直角でなく斜めに）な敷設とした。

ブロックの色は、周囲タイルとの明度差による識別を検討したが、黄色以外の色は混乱を招くという弱視者の強い希望を受け、黄色とした。また、突起形状は、試験歩行により足裏で最も認識できるという半球の格子状配置を採用した。誘導ラインの折れ角は、分岐以外では極力大きい角度（一三五度以上）で曲げ、折れ点の点状ブロックを省いた。これにより滑らかで最短の動線を確保し、過度の注意喚起（点状ブロック）を排除した。その他、バスから降りる第一ステップの点状ブロックは足に引っかかり不安という高齢者の声を受け、歩車道境界から五十センチメートル離し、また一定間隔で「ブロックの上にモノを置かないで！」の文字を焼付けた啓発ブロックを配置した。

(6) 「震災復興のシンボルとなる駅前広場」に向けて

写真４－９
バス乗場と施設案内をする音声ガイドシステム

写真４－７　音声触知図もある総合案内板

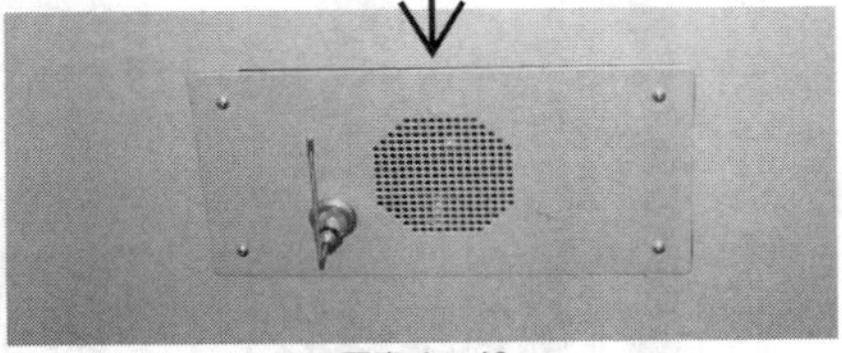

写真４－10
小型発信機用アンテナを備えたスピーカー

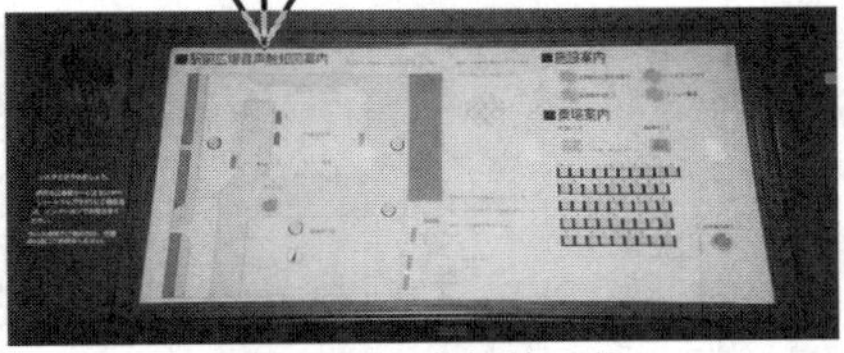

写真４－８　音声触知図板

① 照明柱

震災復興のシンボルとして、北側広場中央に、自然と近代性の調和をイメージし、御影自然石とステンレスを組み合わせたオブジェ塔を設置した。この塔は、一面に十文字が表示できるLED電光表示板を東西南北の四面に取り付け、緊急時の災害情報はもとより、種々啓発標語、各種行政情報やFMいたみ放送による多様な情報提供が行える（写真4―11）。

写真4―11

② 震災復興記念モニュメント

震災の記憶、体験を風化させず、市民が力を合わせて安心して暮らせる、心豊かなまちづくりへの決意のあかしとして、震災復興伊丹市民会議に寄せられた浄財の一部を充当し、震災復興記念モニュメントを駅前広場北に設置した。

## 今後の課題

高齢者や障害者の社会参加機会の拡大を図るため、従来から、ノーマライゼーションの考え方に基づき、バリアフリーへの取組みが積極的に行われてきた。

伊丹市においても、昭和五十六年の国際障害者年を契機に「福祉のまちづくりのための都市施設整備要綱」を制定した。また、平成五年に施行された兵庫県の「福祉のまちづくり条例」や「福祉のまちづくり重点地区整備方針」に基づき、平成六年度に重点整備地区に指定した阪急・JR両伊丹駅を含む中心市街地約八十ヘクタールのほか、三地区の重点的整備に努めている。

平成十二年十一月から施行された交通バリアフリー法によって、今後は単に段差解消的な取組みだけではなく、なぜそのことが必要なのか、なぜそうしないといけないのか、障害のある人、高齢者等体の不自由な人のための精神が優先された、ユニバーサルデザインを目指したまちづくりが促進されるものと思われる。

障害の程度・度合いには個人差があり、高齢者でも健康の違い、健常者でも子供から大人、また性別の違いなど様々である。ありふれた言葉であるが「利用する立場」になって対応することが必要だと思われる。

この事業を通じて強く感じたことは、将来性や理想なことと現実とのギャップを克服するためには、一方的な要求や否定的な対応ではなく、共に知恵を出し合い工夫し前向きに協調することが一番の基本であり大事であるということである。

種々の事業では、沿道土地利用状況や既存施設の構造、強度等の事情による設計、施工上の制約、財政や制度上の問題など多々あると思われるが、造りやすいものを造るのではなく、それを打開して、使いやすいものを造ることに努力することが我々の責務と考える。

健常者には当然のことが障害者、高齢者等の深刻な悩みや障害になる。正直なところ整備要綱等に定められている幅、寸法や勾配等の基準値を満たせば良い、と言う思い込みがあるのではないだろうか。

機器等の設備や施設と基準・規則で援護、擁護することも大切であるが、人としての温かさ、優しさ、配慮が社会認識としてより涵養されることが真のバリアフリーではないかと思われる。

## おわりに

平成十二年十一月二十一日、前夜からの雨も小雨になり、次第に晴れ模様に好転するなか「阪急伊丹駅周辺整備事業」の竣工式が、一新された駅前広場の中央で行われた。多くの参列者に見守られてテープカット、久寿玉が開かれ、二十一世紀に向けたユニバーサルデザインを取り入れた駅前広場と伊丹阪急ビルとが一体になり、すべての人にやさしいターミナルが出現した記念すべき瞬間であった（写真４―12）。

今、思い起こすに、本格的に着工した平成十一年六月から約一年半の工期であったが、十一月に入って何とか完成の目途がつくものの、今まであまり降らなかった雨のため工事が遅れ気味になったこと、完成パンフレットと記念品用の竣工写真が、工事中で撮れない、雨で撮れないと気ばかりが焦ったこと、駅前広場を会場に十一日、十二日に行われた市制六十周年記念のライブコンサートは、イベントを応援した担当者全員が四日間の工事中断を忘れて楽しめたこと、竣工式前日の雨の中、仕上げ工事と式場設営準備を夜遅くまで行ったこと、式典終了後は翌二十二日朝五時の供用開始に向けて、信号、区画線・標識等設置、バス・タクシーのりばの移転等徹夜で最後の仕上げを行ったこと、そして、市長、助役以下担当職員、関係者共々、緊張と不安が交錯するなか、無事に供用でき本当によかったと思った時、激しく揺さぶられドーンと突き上げられた大きな衝撃による未曾有の被害からの復興への取組みが長いようで短い月日であったと感慨無量であった。

事故も無く無事に竣工式を迎えることが出来たのは、国・県の早期完成に向けての配慮、

写真４―12

エコモ財団の福祉に対する提言と助成、快適化委員会や個別ワーキングに参画いただいた方々の貴重な意見・体験談、計画協議や供用開始時の警察当局の指導、協働事業者の阪急電鉄、立ち退き移転者、周辺地元関係者、バス、タクシー事業者等の協力と一致団結した各工事業者の努力など、多くの方々の理解、支援の賜物であると考える。この紙面を借りて心から感謝するとともに厚く御礼申し上げる次第である。

最後に、駅ビルと駅前広場の交通施設としての機能性や利便性と、すべての人に対するやさしさが両立し、伊丹市の玄関口・顔として復興することが目的であった阪急伊丹周辺整備事業は、公共事業としての経済性や合理性はもとより、バリアフリーとユニバーサルデザインの意義、必要性など、改めて我々に様々なことを教えてくれた。

二十世紀から二十一世紀へ、諸事、時間とともに新しいものへと転換されると思われるが、「誰に対して何のために」の本質は変わらないと考える。

悩み、工夫し、時間に追われながらも最善の努力をしたことの満足感や成し遂げた自負心はこの仕事に携わった全員が誇りに思うとともに、実感したこの経験を活かすことの責務に意を新たにするところである。そして、復旧ではなく復興を目指した事業の障害者、高齢者等の対応や施設整備が、充分とは言えないが一つの事例として今後のまちづくりに少しでも参考になり役立つことになれば幸いに思う。

写真4－13

# 第4章 2

# 当事者参加プロジェクトへの論点

伊丹市総務部人事管理室長（元伊丹市福祉部福祉企画課長） 中村 喜純

## 一 アメニティ委員会以前の当事者参加

伊丹市におけるバリアフリーへの取組みは、昭和五十七年に国連により採択された「障害者に関する世界行動計画」と「国連・障害者の十年」が契機となって積極的になされるようになったが、当初は行政主導によるハード面が中心であり、市民参加の考え方については意見、要望を聴取することでよしとするような傾向があった。

平成五年十月に兵庫県において「福祉のまちづくり条例」が制定されたのを受けて伊丹市においても「伊丹市福祉のまちづくりのための都市施設整備要綱」が策定されるが、この要綱に基づいて策定された福祉のまちづくり重点地区整備計画では、福祉部門だけでなく、土木関係、建築関係、公共施設部門など全庁的な取組みがなされるとともに、国、県および民間事業者の協力のもと、障害者の方々、高齢者の方々と連携し、重点地区内の公共的建築物（駅舎施設、公衆トイレを含む）、路外駐車場、公園、道路などの現地調査を実施するという、従来の「取り組み」と比較して画期的な側面を持つ内容のものになっている。平成六年十二月九日に、当事者である多くの障害者の参加を得て、阪急伊丹駅からJR伊丹駅までの現地調査を実施し、駅舎の利用状況、道路、歩道の通行、ルート途中の施設など、利用者としての課題、当事者としての問題点を抽出、活発な意見交換を行ったことが記憶に残っている。

また、「障害者基本法」との関連では、平成五年十二月に同法が改正、成立したのを契機に、伊丹市においても伊丹市障害者計画を策定したが、本計画は従前の行政計画とは手法を大きく変更して、時間をかけ障害者の方々の審議会への参加や意見交換さらにワーキングの実施などを謳うとともにこれまでの懸案事項などの具体的なテーマも織り込んだものになっている。

本計画は、基本理念として

① 「ノーマライゼーション」の理念をもつ市民が育む共生社会の実現
② 「リハビリテーション」の推進による完全参加型共生社会の実現
③ 「インテグレーション」の推進に完全参加型共生社会の実現

を掲げている。

さらに、当事者の方々の熱意により本計画を総合的に推進するために、障害者当事者の参加した障害者施策推進協議会なるチェック機関を設置したことも大きな進展であった。

（注：「伊丹市障害者計画」平成十年三月参照）

## 二　阪急伊丹駅アメニティターミナル事業と当事者参加の課題

市町村における行政計画を策定するにあたっての今日的な課題は、市民的なコンセンサスを図ることであり、特に利用者の声を直接参加により真のニーズとして反映させることである。

従前の抽出アンケート手法、利用者代表者の意見聴取、学識経験者等の専門家の提言等々では、市町村の創造性、独自性は期待できないため、結果として計画に対する市民の満足度は十分には得られなくなっているのが現状である。

今回の阪急伊丹駅アメニティターミナル整備事業と阪急伊丹駅周辺整備事業には、当事者がその計画の策定に深く関与している点で全国から注目を浴び、モデルと期待される内容であった。

本計画は、震災直後から「震災復興は伊丹駅から」をスローガンに市民が最優先に期待していた事業であり、早期復興のシンボル的な取組みが求められていた。福祉部門の担当であった私にとっても、当初から阪急伊丹駅を福祉駅にとの思いは常に熱く、中心市街地重点地区整備計画において阪急伊丹駅周辺整備構想案を提言したが、この内容は、事前に立会い調査において障害者の方々から意見があったことを踏まえ、鉄道駅の福祉的配慮を掲げた地下駅構想を内容としたものであった。

しかし、本事業はその後の紆余曲折を経て阪急伊丹駅アメニティターミナル整備事業として採択されることになり、駅ビル事業の一環であるため高架駅として計画されることとなった。

本計画が新聞報道されると、障害者グループから内容の問い合わせがなされたが、計画策定中であり詳細については伊丹市のみでは説明が出来ない旨を伝えることが限界であった。

その後は、障害者の方々が、思い出の中で述べられているように、伊丹市長への要望、鉄道事業者への陳情、障害者全員アンケート、市民に対する啓発チラシ配布等々をはじめ、当事者グループ間の意見交換会、先進自治体の調査、シンポジウムの開催等自主的な取組みが以前にも増して活発になされた。

この活動がアメニティターミナル委員会への直接参加等の機会を勝ち取り、大きな成果として、行政内部においても、利用者としてまた当事者として認識、評価され、パートナーとして共に事業に取り組むこととなっていった。

参加にあたっては、技術的な問題、法律的な問題、事業費の問題等々の障壁が多くあり、メンバーとしても従前以上に多くの仲間の支援が必要となり、会議への傍聴、事前ワーキング方式等を提言することとなった。

当事者にとっての今後の課題としては、当事者自らが事業の提案できる専門家集団として、全国の仲間への働きかけ、日常的な活動の中での意見集約等を行い、市民参加の先駆けとしての取組みが継続的に実施されることが挙げられる。

今回の事例は、伊丹市にとって、各部門の事業計画を策定するにあたり、当事者としての意見を求める先例になったことは評価されることである。今後は、市民、利用者、専門家としての立場からも広く提言を求める手法の検討をすることが当事者からも積極的に求められている。

特に、新たにITを利用したパブリックコメント手法が主流となり、事前に計画素案の情報開示をするなどの新たな取組みが始まり、一定の評価がなされていることは、今後の取組みの方向性を示す良い例であると思われる。しかし、ITの利用に際しては、障害者、高齢者の情報デバイスが生じないためにも、IT利用と並行した特段の配慮が必要であろう。

今回の事例を踏まえ、行政施策を立案するにあたっては、それぞれの主管部門責任者は、当事者の要望、提言、意見等に関し、様々な手法を用いながら質・量ともにあふれる情報の中から真のニーズを精査し、これを施策に生かしていくため、高齢者・障害者等社会的弱者である当事者を、日常的な感性を持って真摯に隣人として、かつ真のパートナーとして認識することが必要である。

当事者参加に対して私の反省を踏まえ、今後の希望を述べさせて頂く。

① 施策素案の作成段階から、基本計画の策定、事業実施計画の策定までの広範囲とする。

② 事業計画の実施における基本設計等の進行状況に応じて具体的な個別課題について意見を求める。

③ 事業実施後の評価段階においては、改善案も含む意見を求め、ハード・ソフト両面について評価委員会等を設置する。

④ 当事者参加は、一定の基準による少人数で止むを得ないが、会議の傍聴およびワーキンググループとしての意見交換会等による事実上の参画方法とする。

⑤ 参加とは、最終的な意思決定段階においても具体的な意見を表明出来ることとする。

⑥ 当事者は、全国のネットワークを通じて可能な限り、先進的な事例等の情報を収集し、個別的な事業でなく共通課題として取組み実現可能性を踏まえ積極的な提言をする。

⑦ 個別的な問題提起については、継続的に検討できる事後フォローの手法が必要である。

⑧ 当事者参加により実現した事例は、多くがハード面に限定されており、施設整備基準づくりとしてのみ活用報告がされているが、要望、提言のソフト面については、福祉行政課題として必要な事項は公表する。

最後になったが、今回は震災復興という共通認識と関係機関および関係各位の熱意と協力により構築した事例であり、今後とも新たなネットワークとして継続されることを期待している。

# 座談会

## 阪急伊丹駅アメニティターミナル整備事業を振り返って

座談会

# 阪急伊丹駅アメニティターミナル整備事業を振り返って

阪急伊丹駅の復興は、平成八年に交通エコロジー・モビリティ財団内に整備検討委員会が設置されて以降、本格的な検討が始まった。同委員会においては、学識経験者、身体障害者団体、交通事業者、行政等の代表が、復興に至るまで熱い議論を闘わし、その結果、平成十年十一月に阪急伊丹駅はわが国における最先端のバリアフリー駅として完成した。注）

この座談会は平成十一年十二月に伊丹市伊丹ホールで実施され、計画の当初から完成に至るまで主に整備検討委員会の委員として中心的に関わった方々に、その間の各人の足跡を語っていただいたものであるが、バリアフリー駅実現までの過程を記す資料として、ほぼ発言内容のまま掲載させていただくことにしたものである。

注）阪急伊丹駅前広場の完成は平成十二年十一月であり、本座談会実施時はまだ未完成である。

## 座談会　参加者（順不同）　※（肩書きは座談会当時のもの）

委員長　三星　昭宏　近畿大学理工学部土木工学科教授
副委員長　田中　直人　摂南大学工学部建築学科教授
委　員　中川　次郎　伊丹市身体障害者福祉連合会事務局長
委　員　加藤　作子　伊丹市肢体障害者協会車椅子部会代表
小委員　坂元　和美　「障害者」とともにバリアフリーを考える伊丹市民の会代表
元委員　中村　喜純　伊丹市水道局次長
（元　伊丹市福祉部福祉企画課長）
元委員会　※天日　松之助　伊丹市都市住宅部営繕課長
（元　伊丹市震災復興推進班主管）
委　員　※梅本　浩一　㈶伊丹スポーツセンター主幹
（元　伊丹市福祉部障害福祉課長）
小委員　上田　正人　阪急電鉄株式会社鉄道事業本部鉄道技術第一部調査役
小委員　神谷　昌平　阪急電鉄株式会社鉄道事業本部鉄道計画室調査役
事務局　※金丸　純一　交通エコロジー・モビリティ財団理事長
事務局　寺島　清　交通エコロジー・モビリティ財団理事
事務局　※越栄　尚史　交通エコロジー・モビリティ財団課長
事務局　児玉　健　株式会社日建設計大阪計画事務所計画主管

以上十四名（※はオブザーバー参加）

○寺島

阪急伊丹駅をアメニティターミナルとして再建する際のいろいろな苦労話は、今後のアメニティターミナル推進にあたり大いに参考になりそうなので、皆様の記憶が確かなうちに記録しておくために、ご多忙の中関係者の方々にお集まりいただきました。このような趣旨なのでまずはありのままにお話いただければ結構です。よろしくお願いいたします。初めに当財団の新理事長を紹介させていただきます。なお、お話は建設の経過の節目ごとに、それぞれの立場の方に順次伺っていきたいと思います。

○金丸

皆さん今日は有難うございます。今ご紹介にありましたように、今年の6月から交通エコロジー・モビリティ財団に勤めております。

今日はこういう機会をつくっていただきまして、ありがとうございました。皆さま方の苦労話をじっくりと聞かせていただきたいと思います。よろしくお願いします。

## 一 阪急伊丹駅アメニティターミナル整備検討委員会が動き出すまで

### 伊丹市（行政）の動き

○天日

震災で駅が倒壊して、最初から市としてかかわったものですので、事業を起こすまでのお話をさせていただきます。

今まで、阪急伊丹駅の周辺の復興を、やってきている中でいくつかの節目があったと思うのです。

最初は駅が倒壊して、駅は阪急の施設なのですが市としても何かをしなければならないので、震災から四日位後になってから再建案を何案か考え始めました。考えているだけでは進まないので、それを実行に移すために市長と阪急の社長が会ってお互いにいい案を出して進めましょうという話をしたのが震災から一ヶ月後で、それから具体的に考えるようになったと思います。これが一つ目の区切りです。

二つ目が、ではどんな案をつくるのかということで、市も阪急も何案か考えましたが、市としては議会があるので議会の了解を取る案ができたのが八月です。

それをどうやって実現していくかという事業手法、これが決まらないと、市の場合なら都市計画決定しないと進められないし、国の補助金も出ないわけです。特に今回の場合、再開発でいくのかそれ以外でいくのかについて市と阪急で思惑の違いがあったこともあって、事業手法が決まったのが十二月で、震災から一年近くたっているわけです。結果は再開発手法ではいかないことになりました。これが三つ目の区切りです。

アメニティターミナル事業との関連では、この間平成七年七月に交通アメニティ推進機構（現交通エコロジー・モビリティ財団）の酒田理事長が本市を訪れ、阪急伊丹駅の再建にあたって同駅を「アメニティターミナル整備事業」としてモデル指定し、重点的支援を行いたいとのお話がありました。市としても阪急伊丹駅は、震災の直前まで条例によるエレベーター設置補助を検討していたもので、神戸港と併せて十五億円の補助をいただけるのはいい話だと思った訳です。ただ、この支援事業の軸足として基本設計の段階から利用者を始め交通事業者、行政、学識経験者が参画する手法が不可欠であり、またバリアフリー対策として、点から線、線から面、さらには面整備から系（システム）整備を目指すことが期待されてお

り、事業手法の検討にあたっては新たな課題とやりがいが輻輳していた状況でした。

平成八年になって、阪急と伊丹市とで基本協定を結びましてそれぞれの役割を決めましたのが平成八年の三月、それを受けてやっと都市計画決定ができたのが八月です。これが四つ目、五つ目の区切りといえば区切りです。

都市計画決定したあと、阪急のビルは阪急がやるということで、そのビルの形をプレス発表したのが平成九年三月です。そのときにはアメニティ委員会の中間発表もありまして、阪急のビルの発表と、合同の記者発表でした。これが六つ目の区切りになります。

これは苦労話になるのかどうかわからないですけれども、議会に特別委員会がありまして、平成十一年七月十九日までに特別委員会が二十一回開かれています。特に当初のころは都市計画決定までに特別委員会が十回も開かれ、それも一日中委員会を開くという、通常ルールでは考えられない状況でした。

○中村

私は平成六年四月に福祉部門に来ました。兵庫県福祉のまちづくり条例に基づき、阪急伊丹駅周辺の中心市街地を障害者にやさしいまちづくり重点地区にするために、鉄道駅のエレベーターに対する設置補助の制度を兵庫県とも調整をしながらつくりました。駅はJRと阪急と両方あったわけですが、阪急伊丹駅にエレベーターをつくってくれという障害者の運動が、国際障害者年以降、要望活動としてずっと来ておりました。それ程不便なところであったということで、平成六年十二月にエレベーターをつくる前提で中心市街地の実地調査をしました。

年が明けて、震災でした。せっかくエレベーターを何らかの方法でつけるところまで話し

合いをしていい結果ができたと思っていたのに、震災にあってどうなるのだろう、まあそれはいいものができるのだろうというところで、所管を離れました。

その後は、それまでの経緯も踏まえて、市も県もお互い補助金を出してでもやるという決意がないとできないということで、所管部門に情報提供を含め尻を叩く立場でした。

そういう意味では非常に長い歴史の中でやっていますので、実際に駅づくりについては、例えばエレベーターをつけるにしてもかなり不便なところにつくのではないか、本当の意見が言える場があったらいいのになどと思いながら、当事者が阪急への陳情アンケートの対応をしているのを見ていました。

## 阪急（事業者）の動き

○神谷

私は震災直後から伊丹を担当してきました。アメニティ事業の話につきましては、震災から二ヶ月位たった、三月頃にまず運政局（現国土交通省総合政策局）の方からこのような話があるというレベルで話を伺いました。正式には平成七年七月にアメニティ推進機構（現交通エコロジー・モビリティ財団）と運政局からモデル駅の一つに選定されているという話を伺いました。

その後九月頃に、某全国紙の夕刊に突然伊丹が究極の福祉駅になるという記事が載って当社としては非常に驚いたということがありました。

その年の年末位に、正式に当社としてもそれを推進する方向で、運輸省の消費者行政課（現国土交通省総合政策局交通消費者行政課）と近畿運輸局企画課の話を聞きに行きました。運輸省としては、担当の方によってニュアンスの違いはありましたが、なるべくいろいろなものを取り込んでそれに対して補助金を充当できるよう、委員会を設けてやっていくということでした。

この事業推進について当社として当初不安を感じて来たことは、究極の福祉駅と謳われた委員会では様々な意見が出てくることが予想されることです。委員会を立ち上げて出てきた意見については我々としては前向きに検討していかなくてはならないので、当事者サイドからも責任を持ち意見集約いただける代表の方々がでてきていただければ、この事業を有効に活用して人にやさしい駅が実現できるとの期待をしました。

ですから、伊丹駅に関しまして結果的にいい評価をいただくことが多くて有り難く思っておりますが、そういう形で様々な意見をいただける委員を選出していただいて、また実際に苦労して頂けたことが、うまくいった大きな原因の一つだと思います。意見の集約ということは、実現できないことはできないと理解していただく必要もあるわけですが、初期の段階ではそれがうまくいくか不安に感じていた時期もありました。

○三星

社内的にはこういう今までやったことのない委員会についての空気はどうだったのですか。

○神谷

伊丹駅復興は、鉄道駅再建だけの事業ではありませんでしたので、店舗担当部署との調整等が必要な場面もありました。

○上田

私は、委員会が発足した頃より関与しています。アメニティターミナル事業には、社内には日本で初めての試みということで慎重に対応すべきであるという意見もありまして、どちらにしても大変だというところからスタートしたことが記憶に残っております。

○神谷　付け加えますと、九月頃から、中川さん、坂元さん等から、熱い陳情をいただいておりました。

## 当事者の委員会メンバーが選出されるまでの経緯

○三星　ここまでのところで、障害者のメンバーがお入りになった経緯のお話が出てきてないのですが、それはどうですか。

○中村　今まで役所は市民の声を聞く時に、何々連合会の会長に参加していただいて審議会をやってきたわけですが、発言がないことが多かったと思います。そうでなくて自分の体験がそのまま話せる人が必要であることを我々は市の内部で大分言いました。委員の推薦という時には、事務局は組織としてすべてを代表できるような立場の人を挙げるわけですが、こちらはバリアフリー何とかという会があってとか、車椅子の代表で誰か欲しいけれども誰がしゃべれるとか、全体をまとめられる方には誰がいるとか、それから市の方に高齢者を代表する方も入れていただきたいという依頼があるので高齢者の団体からも出てもらいたいとか、私の場合は、まちづくり計画をつくる時に一緒に現地を歩いた仲間がいましたので、そういう推薦の仕方だったのですが、結果的にはその通り委員になっていただきまして役所も思い切ったことをしたなと思いました。

○中川

震災で駅が倒壊したとき、これからの駅なのだからエレベーターやエスカレーターをつけるだけで良しとするのでなく、どのような駅ができたら良いのかアンケートを取ろうということになり、加藤、坂元の二人とも話し合ってアンケート項目を整理し、身障連合会の全会員に受取人払いの封筒をつけて郵送しました。当時、駅の再建は伊丹市と阪急共同で行うことになっていましたので、とりあえず伊丹市の方へ、要望書を持って行きました。要望書の内容は、駅の再建については我々の意見を反映できる場をつくって欲しいというものでした。これについてははっきりとした返事はありませんでしたが、そのうちにアンケート結果が整いましたので、それを五十六項目にまとめて平成七年十二月二十一日に伊丹市に提出しました。ちょうどその日に駅の再建は阪急単独で行うという新聞記事が出ましたので、あわてて十二月二十五日に同じものを阪急にも提出しました。

年が明けて平成八年になると、アメニティ推進機構の整備検討委員会の話が具体的になってきまして、その委員会は利用者の声を聞くことにしている、ということでしたのでまずは一安心致しました。

○加藤

一月十七日に駅が倒壊したという情報を聞いた時は、自分たちが駅の復興にかかわるということは予想もつかなかったわけですが、何とか使いやすいものになってほしい、障害者だけでなくいろいろな方が使えるものになってほしいという思いがありました。伊丹市は、これまで福祉の分野においては先手、先手で行政の方がやってくれて、周りからは福祉の進んだ町だといわれながら、当事者の意見はあまり反映されていなかったというのが私たちの思いで、使いにくいところが多かった。

九月頃に新聞等で究極の福祉駅とか、アメニティ推進機構の方から補助金がおりるとか、風の便りに話を聞き始めて、それなら新しくできる駅に私たちの意見をしっかりつなげていきたいという思いが、ここにいる三人を始めみんなに広がったのだと思います。

市にお願いするのも、その他のところにお願いするのも数字ということが言われますので、アンケートを実施して、障害者だけではなくみんなの意見を聞いて具体的な数字を出していこうということになりました。そこで震災があった年の十二月の終わり頃、マッチ売りの少女ではないですが、寒い中、駅周辺でアンケート調査のビラを配り、それをある程度集約をして、翌年には、アメニティが補助金を出してくれるということで、伊丹市にも行き、阪急にも行き、アメニティの本部にも行きました。

アメニティの本部に行った時はどこにも連絡せず、坂元さんと二人で新幹線に飛び乗ってから伊丹市にはその旨電話で連絡し、アメニティには東京に着いてから近くまで来たので伺いたい、担当者がいなくてもいいから私たちの思いだけ聞いていただけばいいと電話して、本当に強引に門を叩きました。

私はシングルで、家族はいますけれども一番身軽なので、いいまちづくり、駅づくりを知るために、群馬の前橋駅や、音声触知図案内板の設置されている横浜の上大岡駅や、あちこちを走り回りまして、設置にかかわった人の話、実際にいいのかという話を聞きながら、情報を蓄積していきました。

福祉駅の検討委員として、車椅子利用者という立場だけでなく障害者全体を代表する立場として意見をつなげていかなければならないということで、自分のわからない聴覚障害者や視覚障害者のことについては、当事者の方たちにもいろいろな意見を聞いてそれをつなげてきたつもりです。

私たちは本当に何もわからなくて、今考えれば失礼なこともしてきたかもわかりませんが、わからないからこそできたという面もあり、熱い思いがあったからこそ委員会につなげてこられたと思っています。

○坂元

地震のあとで阪急の駅の再建主体が伊丹市であるとか阪急であるとか、いろいろなやり取りがあったのですが、それよりも自分たち使う人間が使いやすいような駅にしていただきたいというのが、私たちの一番の思いでした。

そのためには、少しでも多くの意見を集めてとにかく施工される事業体にこの思いだけは届けたいというので、街頭アンケートを取って集計しました。

アメニティのモデル駅に選定されているのか知りたくて、伊丹市や阪急にお聞きしましたが、「まだわかりません」という返事、最終的に運輸省に電話しまして消費者行政課の方から、「一応決まっております」という返事をいただきました。それではということで加藤さんと二人で一月にアメニティの本部に出掛けました。

皆様のご尽力で小委員会に入れていただくことになったのですが、その時にこれだけはやろうと決めていたことがあります。それは、私たちが入る限りは簡単にこれで終わったという形だけのもので終わらせないようにしようということです。それと、交渉と言うよりお互いに一緒にやるという形で進めていきたい、お願いするばかりではなくて言ったからには自分たちも汗を流そう、時間と体を使おうと思っていました。

そういう中でいろいろご無理もお願いしたかもわかりませんが、本当に一緒になって話し合いをしていただいたと思っています。今まで当事者を策定段階から入れることはなかなかできなかったわけですが、やればやれるという実績を残したことは大きいし、感謝しております。

○三星

お伺いしておきたいのは、お三方だけではなくて、ここに出てこられない身障者の方の空気はどうでしたか。

○中村

委員を選ぶ時は数に制限がありますので、基本的に傍聴になります。傍聴者の数にも限りがあるわけですが、そうすると入れない人のために委員会の内容をフィードバックする作業が必要になる、これが大変だというので、かなり広い場所でやる、議題は予め知らせることを条件に人数を絞らせてもらいました。また、次の開催日の日程をなるべく早く決めていただいて参加者への便宜を計りました。

三人の委員の方にはワーキングに入ってもらって、そちらの検討事項に関しては皆の意見を聞きながら進めるという骨の折れる作業もやってもらっています。委員会では二時間という限られた時間の中で、自分の思いで発言もしたいがワーキングでの意向も代弁しなくてはならないということでかなり努力をされたと思います。また、委員会の席では、後ろにもっと言って欲しいという人もいるわけで苦労はあったと思いますが、基本的にそれぞれの代表であるという整理をしていましたので、割合気楽に話してもらえたと思っています。
○寺島
一般的な話ですが、海外の事例で、障害者団体の間で運動方針等に違いのある団体が幾つかあって、代表として絞るのが難しいようなケースもありますが、伊丹の場合はそういうことはなかったのですか。
○中川
伊丹の場合は私たちの身体障害者福祉連合会（身障連）が市内唯一の障害者団体であり、市内の身障手帳所持者の四〇パーセント近くの参加を得ております。その傘下に視力障害者、聴力障害者など障害別の協会が組織されておりますから、まとまりとしては申し分ないと思います。今回は随行という形で、希望者の委員会会場への入場が認められましたので、本来なら私たち委員が待機させて置いたフィードバック要員に委員会の討議内容を説明して団体としての検討を計らなければならないところですが、下手な説明をするよりも正確に伝わっているというプラス面もありました。
○寺島
他の障害者団体との関係はなかったのですか。
○中村
伊丹の場合、連合会以外の団体で表立った活動をしているのは「障害者とともにバリアフリーを考える伊丹市民の会」位で、これも一応連合会の会員ですので、そうした問題はなかったと思います。

関心のある方は随行としても参加できます、参加されなかった方にはフィードバックいたしますという二段構えをとることで、原則全員参加のような形をとることができました。

ただ、実際参加される方を選ぶ上での苦労は、連合会ではあったと思います。

○加藤

駅の倒壊と同時に「障害者とともにバリアフリーを考える伊丹市民の会」を発足しましたのは、身障連よりも少しだけ過激な、過激といっても相手がきっちり理解できように話をしに行き、積極的に動ける組織をつくろうという趣旨で、身障連は身障者の窓口団体として動いてくださる部分ですがそれだけ行政との関わりが深くて言えない部分もあるだろうから、駅の再建には二本建てで動いた方がいいのでないかという考えからです。

ですから、担当官を前にして机を叩いて交渉するというのでなくて、なぜできないのかを返していただく、私たちもそれを理解してできるところとできないところを歩み寄って行くというやり方をとったつもりです。

それが結果的にはよかったということになるのですが、私たちも今日初めて都市計画決定までに特別委員会が十回も開かれたことを知って本当に大変だったのだということがわかり、それを知らなかったために失礼なことを言った部分はあったと思います。ただ、そういうことについても知らされないから過激になるということも事実だと思います。

○中川

随行者（傍聴者）の話ですけれども、人間の心理と言えるのかも知れませんが、仮にある条件が認めていただけなかった場合、私たちが帰ってその状況を説明しても、もっと強硬に主張すべきだという声も出たかと思いますが、それを現場で直に見聞していると、あの条件はあれ以上は押せないだろうなと理解も早いわけで、やはり随行者として臨場したことの意味は大きかったと思います。

## 委員会のコーディネート役の苦労

○三星
　財団の方の苦労はどうだったのですか。
○寺島
　私が携わる以前のことですが、当時の酒田理事長は、日本財団、運輸省消費者行政課、近畿運輸局などの意見を踏まえて、関係者が納得できるような委員会をスムーズに立ち上げるのに随分気を使われたようです。
○児玉
　コンサルの立場としては、通常は調査委員会の実際の作業部隊として調査をして報告するというのが業務内容ですが、今回の場合はコーディネートをどうしていくかが一番主になった。印象に残っているのは、一回目か二回目の委員会に田中先生が少し遅れて入って来られて、その時の第一声が「原告と被告みたいですね。」といって口火を切られたことがありました。事務局というか、コーディネート役としては最初の頃はこの話は本当にまとまるのだろうかということが心配でした。
○三星
　コンサル業務というのは、普通なら事務局としての資料の提示、これを越えたとしてもプラニング案、設計案の提示まででであって、コーディネートについては、省庁間の調整や事業制度に関するアドバイザー的なものはあっても当事者を含めたものまではないと思います。

○田中

委員会が始まるまでということですから、私は三つのことを話したいと思います。

一つは、大学で環境デザイン実習という、学生たちに具体的な地域を与えてその地域の中での課題を抽出して提案、デザインをするという課題がありまして、たまたまJR伊丹駅から阪急伊丹駅界隈を課題にしたのですが、二年位して震災があった時に伊丹の特徴とか原風景とか駅の役割について議論をしたことがあります。その時に酒蔵があるとか、道路ができて変わって来ているとかという話の中に駅を取り囲む周辺とのつながりで駅があるという話が出てきた。駅の持つ意義は一般市民はもとより不特定多数の人にとって非常に関心が深いテーマでありながら、実際には単に利用しているだけで終わっていた現実を強く感じました。

二つ目は、震災の後、たまたま伊丹市の震災復興計画の提言メンバーになり、伊丹の特性の中で空港と駅の復興が大事だという話をしまして、奇しくも駅の方の再建をやることになったわけですが、その時に阪急の伊丹駅はJRと違って街の中心部にありながら行き止まり駅である。これが本当のターミナルであるためには、乗降だけでなく、商業地の中心、文化機能の中心でなければならないということを言ったことがあります。

アメニティターミナルの委員会が発足したときに、バリアフリーだけでなくアメニティであるのだから、もっといろいろな人の快適性を供与する空間であるべきで、いろいろな情報の提供や文化との出会いのほか、建物そのものもランドマーク的なものでなければならないという話をしました。そういう意味で駅の再建は震災復興の象徴的な砦であったという気がします。

三つ目は、神戸の中突堤のプロジェクトに三星先生と参画した時に感じたのですが、一生懸命いろいろな意見を言っても、既にこれで行きたいというのがあって、味付けとか合理化の部分での意見しか期待されていないような不満が少しありました。

そういう意味では、伊丹駅のプロジェクトに関して、当事者参加というもっと生きた実際的なことができないかという期待があったわけですが、これが絶対的とは思いませんが当事者参加の一つのモデルができたのではないかと思いました。

○三星

私の方は、最初に話が来た時は、震災復興後の市民の希望になる、励ましになるので世界一のいいものをつくろう、しかし阪急の金庫にも市の金庫にも金はないし、時間は二年、実質は一年半しかないという途方もないものでした。普通こういうものはコンサルにお願いすると五年、事業を考えると十年位かかるものです。

また、当事者参加でということならばまとめ役だろう。まとめ役とすると責任が大変なので、出番は最後に意見が対立したときだろうということで返事していいかどうかわからなかった。その時の決め手は「復興」です。心を合わせたところがあると思います。

中突堤については、田中先生が言われたところは確かに弱点だと思いますが、一方で委員会に頼るだけでなく、徹底的に当事者、関係者を呼んで話を聞きました。あれはあれで一つの形態だったと思います。

○梅本

私はこの四月からですが、震災の時は社会福祉協議会におりまして、当時、中川さん、加藤さん、坂元さんの三人が会員にアンケートを出そうと準備されたりし、阪急伊丹駅の復興について熱い思いで夜遅くまで頑張っていたことを思い出します。

## 二　委員会における攻防とアメニティターミナル建設への道のり

### 対決から対話へ

○金丸

原告と被告、この関係がほぐれていったというところがポイントだと思うのですが、なぜそれがほぐれていったのですか。

○天日

このプロジェクトが成功に至ったのは、阪急が当事者の意見に最大限応えたことに尽きると思います。委員会の一回目か二回目かに、避難経路の話が出ました。長細いプラットホームしかないのに、片方で火事があったら逃げるところがない、それをどうするか、エレベーターをつける、駅ビルへ逃げる出口をつける等の話がありましたが、たまたま空いていた既設の退避線用に広がっていたところを避難場所にしてそこで消防車や梯子車で逃げたらいいという提案をされた。阪急もいろいろどうしたらいいか考えたと思います。鉄道の建築限界の話等がありますから。あれが一番難しい話だった、それをすんなり合意ができたというのは、阪急も一生懸命考え、障害者もそれでいいと納得し、お互い理解し合ったことが、それから軌道に乗ったことへ繋がって行ったと思います。

○中村

私は実は非常に苦労しました。先程委員の話をしましたが、「委員に入るということは、最後は決断しなければならない。泣くところは泣いてくれますか。言うだけのほうが楽ですよ。」ということを委員会メンバーに何回も言いました。実際に補助金の範囲の中で決めなければならないということを何十回も言いました。そのかわり委員会の場では思いが伝わるように、極端にいえばエレベーターを三基でも四基でもつける位の気持ちで臨めばいいというようなことをかなり言いました。

役所の方は委員会の場では立場上言えないことがありますので、よく勉強して発言して簡単に妥協しないで欲しいという思いで見ていました。もう一つ、駅ビル全体についてはこの委員会の対象外の部分があって、例えばトイレ等については発言できる部分が限られて残念だったと思います。

駅ビルの課題以降、駅前広場も同じように当事者の意見も踏まえて同じスタイルでやるようになった、市バスとの調整やいろいろな意見を当事者が言えるようになったということは、今回役所の中のいろいろなセクションの人との付き合いができて信頼できる人ができたことが大きいと思います。

○神谷

平成八年三月に震災復興について伊丹市と基本的に合意をして、どういう形でビルをつくって行くかという方向づけができたので、そこから委員会が立ち上がりました。

その時点で、社内では伊丹駅を高齢者、障害者を含めたすべての人にやさしいモデル駅として委員会で検討し実現していくという方針は決定していましたが、そのことと実際にいろいろ提案されたことを実現していくこととの間のギャップがあり、会社の中でそれを動かしていくにはかなり調整が必要でした。

もちろんバリアフリーについては前向きに整備していくべきだということについては、誰もが認識しているところですが、エレベーター、エスカレーターであれば、設備費用の問題が解決できてもその後の維持管理の問題があります。まして、新規の施設を設置するとすれば、その管理はどの部署が行うのか等の問題が新たに出ます。

それと鉄道営業線では、運転保安、安全上の問題があって、新しい設備は内容によっては事故の問題と裏表なところがあります。鉄道事業者は運輸省の基準を指針に施設の整備を行う訳ですが、省の基準にないことを当社が委員会の意見を受けて進めていくことについては、事故が発生した際誰が責任を取るのかという話が出てくるので、そうした調整が必要でした。

実現しなかったことでホームに柵をという話が委員会の中盤位でかなりありましたが、これについては当時運輸省でも検討していて、私どももその検討委員会の他の事業者も含めた中で、運輸省に難しさを認識していただいた経緯がありました。ホーム柵については、現在は別の方法で検討されています。

先程原告席、被告席という話がありましたが、私の認識では三～四ヶ月位経過してから委員会としての運営が委員会らしくなったような気がします。最初の頃は、終わった後、三星先生、児玉さんとこれから運営をどうしていこうかという話をいろいろした記憶があります。

委員会の意見を受けて、事務局の児玉さんがいろいろなプランを提案くださったことがありますが、これは難しいということでまたご苦労頂いて実際委員会に出していく形のスタイルにしていきました。

委員会が立ち上がってから具体的な詳細の設計に入っていくまでには、そういうような内容がありました。委員会で基本的な方針が概ね定まってどのようなものを整備していくか、実際それを設計の中にどう活かしていくかについては、上田の方が多くの部分を担当しましたので上田に代わります。

## アメニティターミナルに向けての設計変更

○上田

二つ位簡単に話しますと、一つ目は、当初四階建てで、奥に階段があって、エレベーターがわかりにくいプランを見まして、個人的にはおもしろくない、バリアフリーになっていても、田中先生のいわれるような本当の意味でのアメニティは確保されていないという状態で設計を引き継ぎました。自分自身としてももう少し思いが入れられるものにしたいと思いまして、もう少し容積率を上げて四階建てを五階建てにしたらとか、一時期は上にホテルを誘致したらとかいろいろな検討をしました。その中でもともとあった原案をもとに、柱を抜いて、吹き抜けの位置も変更して、いわゆるアメニティの高い案に修正していったわけですが、たまたまアメニティ委員会の中でエレベーターがわかりにくいという話があり、それとうまくかみ合った結果でした。

もう一つは、委員会の運営についてです。私もいろいろな当事者参加型の検討会に出させてもらったことがありますが、多くの場合主催者が委員を決めるわけなのである程度シナリオが決まっており、これほどもめた委員会は経験がありません。その意味では貴重な経験させてもらいましたが、それを乗り越えられたのは、きれいごとではなく、できることはできる、できないことはできないということをきちんと説明するということに尽きると思います。

ただ、実際、社内では委員会の提案に対して様々な意見がありました。例えば商業担当部署では震災で被害を受けて会社の収益が落ち込んでいる時にレンタブル比の低いビルは建てられないという事情もありますし、以前のビルのテナントにはそのまま入ってもらわなければなりませんのでそこからのプレッシャーも強い。そういう意味で板ばさみになることがありましたが、その辺は理解していただかなければならないと思います。

トイレについてはアメニティの高いビルにしては確かに位置が悪いと思いますが、一階に一般のトイレをとればタミータウンのテナントの一つに二階かまたは五階に上がってもらうか、スーパーの面積を小さくしないと納まらないという事情がありました。ですから、結果的に至らない点については反省点として考えていますが、トータルとしては何とか及第点はいったと思っています。

○三星

経営トップの方の動きはどうでしょうか。

○神谷

この事業については様々なご意見を生かし、アメニティターミナル推進事業を積極的に推進し、人にやさしい鉄道の実現を図るという基本方針です。ただし、駅及びパブリックな空間について対象を限定していただくこととしました。また公共的な空間についてはできるだけ駅部の仕様に合わせていますが、例えばエスカレーターに関しては三階より上は店舗であるビル仕様という割り切り方をしています。具体的には、エスカレーターの長さが入らないため水平三段ではなく、幅も利用者数が少ないため八〇〇型と狭くなっています。

○三星
この問題が最後まで尾を引きましたね。
○神谷
もともと店舗と一体になっていたビルをアメニティターミナルに選んだのでそういう問題がありましたが、単独の駅施設であったら、そういう問題は議論の場にすら上がってこなかったと思います。
○三星
むしろ公共的な場所では店舗があるほうが多いわけですね。

技術的なことで印象的なこと、苦労したことで、先程上田さんがエレベーターの位置のことをいわれましたが、ほかに何かありませんか。避難用スロープはどうですか。
○神谷
避難用のスロープにつきましては、設置箇所が電車の線路と線路の間で、電車の車体が通る一定の範囲については建築物をつくってはいけないという建築限界がありまして、つくる空間が非常に限られています。スロープを下り、線路と線路の間に降りて行って、そこから線路の外側の待避所に出るところに小さな踏切をつけるのですが、スロープの下から踏切までの間の通路が建築限界にかかっていて、スロープの下では通路の高さを踏切部分の線路の高さより五センチメートルほど下げています。これは、そのままの高さだと車椅子が線路を横切るときに脱輪するので五センチメートルの高さの車輪止めを設置するために通路を下げています。このように、いろいろな建築上の限界の中に収めるための工夫がかなり必要でした。すべてがぎりぎりいっぱいの寸法に収まっています。若い担当者に設計させましたが、

八分の一という勾配で建築限界の殆どぎりぎりの中でそれなりに苦労して収めたのがあのス

ロープです。曲がりが多くて実際あれで使えるか等については、我々なりに実寸大の絵を描

いて車椅子（手動）を実際に使用して検討をしています。また評価は別途いただけると思い

ますが。

○中川

委員会が第三回目のあと少々期間があいたことがありました。当初委員会は四回と聞いて

いましたので、あと一回でまとまるのだろうかと気を揉んだことがありました。

それから誘導用ブロックの件ですが、身障連合会の中でも視力障害者の方、特に弱視の方

が濃い黄色にこだわっていたのですが、一方阪急の方では樹脂製の誘導用ブロックは変色し

やすいので陶器製を使いたい、しかし陶器製は色が少し薄くなるが、ということでしたの

で、既にそれが敷設してある阪急甲東園駅まで視力障害者の方と見に行きました。見に行く

までに少し日が経っていたこともあって気分が静まっていたのでしょう。色が薄いと聞いた

時はガクッと肩の力が抜けたことでしょうが、現物を見ると心境も変わってくるもののよう

で、これでも辛抱できると納得してくれました。

○加藤

委員会には入りたい、入りたいと思っていましたが、一回目の委員会の場では面接に行っ

たような感じで前に座っている方が鬼のように見えました。障害を持つ当事者の女性の立場

で坂元さんと私だけが女性でした。立派な方を前にこれまでの思いが伝えられるかという不

安がすごくありました。一回目の委員会はいろいろな説明があり、二回目の委員会で少しず

つ方向性と内容がわかりだしましたが、私たちが説明する内容が伝わっているのかどうか感

じ取れない。委員会の中で私たちの思いをより早く理解していただくためには、障害を持つ同じ立場になっていただきたい、車椅子を利用してもらったり、エレベーターがない駅の、階段を介助してもらったりとかいろいろな体験をしていただきたいという意見を出しました。その後、関西空港、和泉府中駅、宝塚駅を一緒に回って、その後の委員会から流れが変わったのを感じ、実際委員会の中で意見を言う時に理解してもらい易くなったような印象があります。先程の避難用スロープについても、一緒に動いたことで実現につながったように思います。

○坂元

原告と被告という話については、どちらが原告でどちらが被告か悩んでおりますが、一つ本当に感謝していることがあります。私たちはこれまで何かを使うたびに、特に車椅子の人たちがトイレに入った時など、これが三センチメートル左に寄っていたらもっと楽に使えるのに、確かに基準どおりにつくってありますがこの三センチメートルが何とかならなかったのかということがよくありまして、できたら設置して固定される前に実地検証させてくださいということを常にお願いしてきました。そうはいっても大きな工事現場で安全面のこともあるので多分駄目だろうと思っていましたが、今回は快く大変危険を伴う工事現場の中に入れていただき、検証させていただきました。上田さんなど、上役の方に対して大変な思いをして説得をしていただいたと思いまして本当に感謝しています。

○寺島

実地検証の結果、やはり何か変わったのですか。

○坂元

かなりな部分で、高さとか棚をつけることとかで変更していただきました。

## 既存制度と委員会における検討との関係

○中村

基準の話ですが、そういう意味でも兵庫県の人に出てもらいたいということを、県のまちづくり条例の所管課に強く要請しました。というのは、運輸省のつくっているガイドライン、兵庫県のつくっているまちづくり条例、阪急の社内基準がそれぞれあって、しかも技術の担当でないと数値の意味を説明できない。実は伊丹市もトイレの基準、手すりの基準を定めていますが、それと違ったことをやろうと思うと影響をすべて見極めて対応しなくてはならない。

例えば、知的障害の方については介護用のベッドが欲しい、女性の立場ではベビーベッドが欲しい、視覚障害の方からはサインに関して平仮名を入れて欲しいと要望は様々にあるのですが、阪急には阪急の社内基準があって簡単には決められない、また全部聞いたら非常に大きなものになって何もできないのでどこで決めるかが難しいということがあります。

そういう意味で、阪急には設備するのはいいが、本当に障害者の方は使うのでしょうねと言われました。というのは、阪急新伊丹駅にスロープをつけていただいてから、地元の車椅子利用者の方は殆どそちらを利用するようになり、阪急伊丹駅は他の地域から訪れる障害者の方が主に不便を感じていたような面もあったのです。

○三星

条例を履行するだけでなく、県としても新しい課題にもう一つレベルアップしていかなければならないのですが、今回のプロジェクトはそう意味での影響力はありますかね。

○田中

いろいろな条例とか基準が今巷にありますけれども、もうちょっと突っ込んでほしいところは何も書いていないということがあると思います。

だから今回のプロジェクトの中で、これまでの条例や基準の限界を皆で具体的に確認していったという意味があります。あるいは、こうした委員会の議論でなくても具体的にいろいろな施設をつくってもっと使ってもらえば、いいか、悪いか、もっとどういうことをしたいかが出てくると思います。これはあくまで第一ラウンドであって、第一ラウンドの皆が同じ土俵について同じく学んだというところに大きな意味があったと私は思います。

阪急伊丹駅についても、ユーザーの方が実際にどう思っているのか評価をしっかり受け止めて、それを大阪府の条例や運輸省のガイドラインに投げ返すことが必要で、それをする時期がやっと来たという認識です。

## 委員会の回顧とより高いアメニティ水準実現に向けての影響力

○田中

私は今ここにいて、こういうメンバーの方と座談会を開けること自体がこのプロジェクトを物語っていると思います。本当に関係が悪ければここにはいないと思うのです。わざわざこの夜の時間に集まって座談会をやること自体がすごいことだとまず思います。

次にいろいろなセクションの方のキャラクターということを感じていまして、一番感じるのは今回のスポンサーである財団の懐の大きさというか、おおらかさがまずあったと思います。

それを受けて、具体的に地域を預かっている伊丹市が非常に控えめでした。正直に言うと、もっと発言してもいいと思ったこともありましたが、逆に駅前広場になると当事者ですから当然のことといういうものの急に発言されてそのギャップを感じましたが、この委員会においてはあくまで控えめで親身になって、加藤さん、坂元さん、中川さんたちの活動を見守っているという雰囲気を感じました。応援団のような立場でおられた。

それから私が一番驚いたのは、確か一回目に坂元さんか加藤さんからこんな調査をしましたと言って、うちの学生よりずっと立派なレポートを渡されました。今までの当事者参加の委員会で代表の方が意見を出されても、個人の意見か全体を集約したものかわからないことが多かったのですが、本当は代表者がいかにメンバーの方と一緒にワークしてきたか、汗をかいたかということが大事だと思うのです。そういう意味で涙と血はあるかどうか知りませんが、汗の結晶を持って来られた迫力にまず感激しまして、それが後々のこの委員会の、汗を一緒にかこうという感じにつながって行ったと思うのです。一番大切なのは自分で確かめるという考え方、そして一緒に体験するということ、この二つが基本にあって、テーブルについた位置関係でなく一緒に考えていくということが、先程の原告、被告の関係を飛び越えていった最大の原因ではなかったか。

もう一つは、よく当局に要求すると、うるさいとか、一応聞いてあげるというような対応があるわけですが、阪急の、ここに居られる上田さんの本当に真摯な対応、この人だったらやるだろうというものがあって、私もアメニティだったらこれ位はやらなければならないという気持ち、また坂元さんたちの代弁者としても、結構アジるようなことを言ったと思います。それを真面目に検討して具体的なものを出されたことで、何かしてくれるという期待感を覚えた。一緒にやることがいいことだということが見えてきて、やりがいが出た、それが大きな差になったのではないかと思います。

付け加えますと、三星先生と私の関係ですが、三星委員長は交通計画の権威で、私は一応建築の専門ということになっていますが、そういうことを越えて、三星先生はコーディネート役というか、皆の意見を忠実に、客観的に聞きながら司会を運ばれる。その後にさあ言えという形で必ず私に振られる。私は、言ってみれば九回の絶好のチャンスに一打逆転という立場で発言させてもらえたので、喜んでとうとうとしゃべることができた。そういう気楽な気持ちでプロジェクトに参加できたことは大変幸せで、三星先生には深く感謝しなければならないと思っています。

（一同笑い）

○天日

私は、伊丹市の営繕課にいまして、例えば現在建築中の労働福祉会館については実際に意見を聞きながら進めています。また、昆虫館の施設トイレには駅ビルと同仕様のものを使っており、この経験を生かしてやっています。

○加藤

今、私たちの地元では街中の至る所で段差を解消するために歩道の切下げをやっていますが、私たちの思いが委員会を通して何も言わなくても伝わっているのだと感謝しています。

○児玉

実は、私の思い入れがありましたのは音声ガイドシステムです。本当に効果の上がるものをつくりたいということで、宝塚の駅にボランティアで、メーカーに持って来てもらって、全部つけて一回やってみたり、いろいろな資料を集めたりして、現段階ではわからないなりに一回評価してみようということで、大分やったつもりです。最後は阪急の判断で現在のような形になったわけですが、実際にどう使われているか興味があります。

最後にトイレとエレベーターを実際につくる段階で、加藤さん等の意見で、手すりの高さやボタンの高さ等全部を決めた時に、これは本当にできるのだと初めてわかりました。あの時条例の話が出ていて、手すりは二本だけれどもどうするかとかいろいろな話がありましたが、その辺の兼ね合いも阪急の判断で、まさに条例を越えるものができたという気がしています。

○三星　本格的なコーディネーション作業をやるにあたって、社内の受け止め方はどうでしたか。

○児玉　特に反対はなく比較的自由に必要なことをできましたので、楽しい仕事でした。儲かったかと言われると別の話ですが。

○三星　それは全体の話で。このプロジェクトの社内への影響はどうですか。

○児玉　設計部門には、このプロジェクトのことは大分投げました。それから、今ユニバーサルデザインの空港設計という話があるのですが、このプロジェクトや土木学会の報告書をよく見るようにという話をしています。

○三星
社内的に設計のアウトプットをどう受け継ぐかということはこれからの課題だと思います。
○田中
工事が終わってできたものを見ていまして、怒られるかもしれませんが、私自身もう少しできることがあったと気づく点があります。一例を挙げますとサインです。私は「サイン環境のユニバーサルデザイン」という本を出していまして、空間の構造に関してはサインが非常に重要だと思っています。この分野は具体的なディテールとか展開はまだまだこれから伸びる分野ですが、今はやりのユニバーサルデザインに欠落している部分だと思います。

そういう使ってから初めて気がついたような、いろいろな人のいろいろな提案、意見を吸い寄せて、この駅を本当のユニバーサルデザインに仕立てていきたいという気持ちです。ここにいる人以外にも分るような広報をしたい、この駅の作られ方とかプロセス、あるいはもの自体も非常に参考になると思うし、そういうPRをどんどんやっていただきたいと思います。今、日本建築学会で建築企画事典という本をまとめていますが、そこで是非阪急伊丹駅を紹介したいと思っています。

## 三　阪急伊丹駅アメニティターミナルの事後評価と今後の課題

### 行政、事業者からみた評価

○三星
それでは、基本設計がＦＩＸした後のチェック、修正、事後評価の今後の課題について、まとめてお願いします。

○中村

駅前広場が完成していない（注）のでまだ余り利用されていないというのが実態で、どの程度使い勝手がいいのかという評価はこれからだと思います。それから、障害者にとっては連続性ということが重要になります。阪急伊丹駅は阪急塚口駅を本駅とすると分駅のような状況ですので、実際に大阪に行こうとする場合、伊丹はよくなったけれども塚口はどうか、そこから先はどうかという連絡が問題になる。伊丹駅に限って見ても、ノンステップバスを入れたけれども全路線入ってないのでまだ利用が少ない。そういう意味では駅前広場ができて実際の利用者が増えてからでないと、事後評価は行政の方でも難しいという見方をしています。

（注）当座談会は平成十一年十二月に実施された。

○神谷

事後評価については、体系的なもの、例えば委員会でアンケート調査を行っていますが私どもが直接耳にしている意見もあります。私どもは、当事者のアドバイスは非常に有意義であると常々思っておりまして、例えば震災の時に持って来ていただいたアンケートの中には項目によってはサンプル数はそれ程多くなくても、ある部分について障害者の方がどう考えているか、非常によくわかることがあります。もちろんすべて実現できるわけではありませんが、できるだけ意見を寄せていただければ今後に反映させていきたいと思っております。

アメニティターミナル委員会から派生したというか、きっかけになったことに、転落事故対策があります。委員会では電車の連結面間に落ちて死亡する事故例があるということで転落防止柵を設置できないかという話がありました。ホームの固定式ホーム柵は設置しませんでしたが、電車の連結面間に転落防止装置をつける形で転落事故を防ごうということが社内的に決まりまして、今年度と来年度で一、三二〇両全車に取り付ける方向で進んでいます。これは委員会で出た意見ですが、そのほかのところでも、いただきました意見はできるだけ活かさせていただこうと考えています。

完成後、駅に行政機関の福祉担当の方を始め多くの方が見学に来られるのですが、見ただけではわからないのでどういうところにどういうふうな意見を活かしているからいいのだということをきちんと教えてほしいという人が多いのです。来られる方に対して、いただいた意見の内容を含めて丁寧に説明させていただいています。

○上田

事後評価の話と少し違うかもわかりませんが、伊丹でいろいろ代表の方から教えていただきまして、できるだけ簡単にできることはやっていこうということで、今年もトイレや駅の改造や新設の際に反映していっています。例えば、トイレの傾斜鏡は平面鏡にしたり、車椅子用のトイレのフックは上下二ヶ所にしたり、手すりは普通L字形のところを縦二本にしたり、当部の建築担当者全員に伊丹の施工図を見て設計するように言っています。実際のところ、自治体によってはまだ傾斜鏡でないと駄目だと言われることもあります。

もう一つ大きな課題は、車椅子用トイレを男子・女子トイレの中に入れるのか、外に出すのかということで、異性介護の問題があります。可能な場合は、例えば伊丹のように駅の構内の車椅子用トイレは男女トイレ内のブースに並べて、構外の車椅子用トイレは男女別に外部から直接アクセスできるという設計をやっています。それも自治体によってはノーマライゼーションに反するから、車椅子用トイレを全部中に取れというところもあるのですが、できるだけ今回の検討を参考にしてやっていきたいと思っています。

簡単にできそうでできないのが「誘導用ブロックの目地の凸凹が滑らせて使う白杖の先に引っかかる」という話で、施工性の面から誘導用ブロックの目地の部分だけをフラットで押さえるのはかなり難しいということと、同じ三〇センチメートル角でも誘導用ブロックと普通のタイルで大きさがミリ単位で異なり、また目地なしでは施工できないということもあります。行政の基準もさることながら、障害者の間でもいろいろな差があるという面もあり、何が一番使いやすいのか、どういう使い方をしていただくのが正しいのかというあたりは、まだまだ勉強していかなければならないと考えております。

ただ、伊丹につきましては初めは心配でどうなるのかと思いましたが、三星先生、田中先生がうまくまとめてくださいましたし、もちろんエコモ財団も含めて皆様のお陰でここまで来られたと感謝しております。

## 利用者からみた評価

○中川

駅が出来上がったばかりでやれやれというところで、後のことはまだ余り考えていないのですが、先程上田様がおっしゃっていた誘導用ブロックの継ぎ目の凹凸のことですが、これから出来上がる駅前広場についても同じ要望をしているのですが難しいことなのでしょうか。

これから駅の評価が出てくればそれに表われるかも知れませんが、今伊丹駅だけについているという何分発塚口行きという電光表示ですが、今は、改札を抜け、右に曲がってホームに出るまで見えません。あれを改札の近くとか、もう少し手前からでも見えるようなところにつける方法はないか、という話も出ておりました。

○加藤

先程、視察に来てどこがどう整備されているかわからないという話が出ましたが、それは私たちにとって有り難い話で、今までは障害者だけのためにつくったという見方をしてきたのだと思いました。駅についてはごく自然にできているという点については有り難い。トイレについては、数が少ないのと、場所がわかりにくいという点があると思います。

私たちは当事者の方たちからもいろいろ意見を聞いてやってきたつもりですが、私たちも出来上がるまでわからなかった部分がたくさんありました。例えば、自動扉がどうして北側の出入口だけで東西の出入口にないのかとか、屋上に身障用の駐車場があるけれども、どうして入口は手動扉なのかとかです。今回駅の委員会に関わって、駅だけの部分でしか意見が言えていなかったのは、部門が分かれていたからだということがわかりましたが、一般市民の方にはなかなか理解できないことだと思います。これは大きな勉強材料の一つで、実際一つの箱をつくるときに、いろいろな担当の人が情報交換、意見交換ができる場も必要だったのではないかと思っております。

○坂元

市民の方々は商業施設と鉄道施設との共存だというのがなかなか理解いただけなくて、トイレの部分に関しても、駅の部分に関しても、いろいろなテナントの部分に関しても、どうして福祉ビルなのに五階の店の入口に段差があるのかと言われてしまうというところがあります。

私たちの中では違うということがわかっていますが、それを市民の方々に理解していただくのは大変で、あくまでも福祉駅といったらビル全体が福祉駅なわけです。そういう捉え方しか市民はしませんので、これからいろいろな形で設計するときには、今加藤さんがいわれたように、これは反省ですが、できれば委員会の中に流通営業部門からも一人出て来ていただけたらいいと思います。

## コーディネーターからみた評価

○寺島

事後評価については過去に余り事例がないので手探りな面もありますが、三星先生からも非常に大切だという総論はいただいておりまして、とりあえず駅ビルの部分についてだけでもということで現在アンケート等具体的に進めているところです。

サイン関係は、かなり主観的な感性に左右される領域なので難しいのですが、たまたま当財団で平成七、八、九年度にアメニティターミナルにおける旅客案内サインの研究という調査を行いまして、それとこの設計が進んでいたのが同時だったので、そちらの成果を余り活かすことはできなかったのですが、今後はそういった成果もどんどん役立てていただけるようにやっていきたいと考えております。

もう一つは、主要駅のバリアフリー度合を評価する「駅のやさしさ指標」という事業を立ち上げており、現在基準づくりが終わっていよいよ実際の評価に入るところですが、平成十一年度中にモデル的に十駅の評価をやることになっており、伊丹もその中に入る予定です。

その指標の中に今まで余り重視されて来なかった案内情報関係も三本柱の一つに入っており、今後は案内サインも重要な事後評価の要素になっています。

○田中

どのように評価するかという方法が問題になるかと思うのですが、いずれにしても評価する対象自体がまだ完成していないので、過渡的な評価という位置づけにして、最終的には全部できてからきちんと評価するということがまず最小限必要だというのが私の考えです。

一番初めに話したことに戻るのですが、駅を駅という点で終わらせるのでなくて、ターミナルですから、少なくとも伊丹の周辺地域とどうネットワークするかということ、電車、バス、タクシーあるいは徒歩とのつながりの中でこの駅をどうするかということを、もう一度見つめ直すことが大事だと思います。

既存の商店街とか周辺のいろいろな道路とのつながりをもっとうまくして、知らない間に駅に来ていたとか、駅に来てみたら何かがあったという形にしないといけないと思います。今は駅と商業ビルそれに市の施設がありますが、できればもっと文化的な機能とか、いろいろな機能があった方がいいというのが私の勝手な思いで、限られた空間の中でそれらを駅の周辺にうまく配置して、周辺を含めたターミナルという形になればいいと思っています。

○三星

私としては皆さんの船に乗っているだけで、難破しそうになったら何が何でもという腹は最後まで持っていましたが、結局難破せずに進んでいるので本当に有り難いと思っています。非常にいい勉強をさせていただきました。

本気でここは、と思ったのは一番初めの案で、先程上田さんからも話がありましたが、

「これは駄目だ、柱を含めて全部もう一度考え直してくれ」といった記憶があります。あそこは正念場だったと思います。

もう一つは事後評価についてで、そもそも今の事業者のシステムにないので、寺島さんと児玉さんに「お宅たちがやらないなら僕の研究室でやる」とまで申し上げた記憶があります。現国土交通省も事後評価に力を入れだしています。

先程見学の話が神谷さんから出ましたが、その逆もありまして、最近北海道からかなり現場体験、設計体験をやっている人たちが見学にいらして、ここまで来ればいよいよ課題は来世紀の次の課題ですね、とおっしゃっていました。

当事者参加ということで今までと違う点は、市民、当事者には、役所や鉄道会社の垣根がないということです。これをもっと発展させようというのも事後評価の狙いです。

駅前広場については一つだけやりたいことがありまして、それは新式の排水舗装です。これは従来の透水舗装の下に空隙を設けるもので、雨の日もカラッとしています。強度的にも問題ないところまで来ました。

今回この仕事をさせていただいて、全国で伊丹というとすぐ委員長の私の名前が出るようになりました。田中先生には申し訳なくて、気がついた時は副委員長の名前を書くように言っているのですが、その贖罪としても、私の仕事は数多い役人向け、市民向けの講演で、伊丹のいいところをきちんと伝えていくことだと思っています。その中で誰がいたからできたということでなくて、これだけの力が集まるとすごいことができるということを申し上げていまして、段々変わってきたのを感じます。

加藤さんたちに対する宿題は、市やコンサルのやっている都市のマスタープランとか基本計画までやったらどうかということです。市やコンサルは本当に責任を持たなければならないシャープな部分だけをピシッと押さえる。タウンモビリティはＮＰＯボランティアがやって成功している事例もあります。

今回の座談会は時間がなくて、細かい技術的なことを一つずつ採り上げて思い出話ができなかったのですが、それは別の形を考えることにしましょう。

○寺島

まとめる時間もなくなりましたが、本日はどうもありがとうございました。事後評価については、次のステップのためによりよい評価の仕組みができればと思いますので、よろしくお願いいたします。本日はご多用中にもかかわらずお集まりいただき、貴重なお話を多々賜り、大変ありがとうございました。

以上

# 第5章

# 交通バリアフリー法と阪急伊丹駅アメニティターミナル整備事業

# 第5章　1

# 交通バリアフリー法の概要

国土交通省総合政策局　交通消費者行政課

運輸省、建設省、警察庁及び自治省（省名は当時）が第一四七回国会に提出した「高齢者、身体障害者等の公共交通機関を利用した移動の円滑化の促進に関する法律」（「交通バリアフリー法」。以下「法」という。）は、平成十二年五月十七日に公布され、同年十一月十五日より施行された。ここでは、法の概要について紹介したい。

## 一　法律の概要（図5―1）

(1)　基本方針の作成（第三条）

国土交通大臣、国家公安委員会及び総務大臣は、高齢者、身体障害者等の公共交通機関を利用した移動円滑化を総合的かつ計画的に推進するため、移動円滑化の促進に関する基本方針を定めることとされている。

この基本方針においては、一日当たりの利用者数が五千人以上の旅客施設について、二〇一〇年までに原則としてバリアフリー化を行うといった移動円滑化の意義及び目標に関する事項や、市町村による基本構想の作成に当たっては当事者の参画による意見の反映に努めるといった基本構想の指針となるべき事項等について定められている。

(2)　公共交通事業者等が講ずべき措置（第二章（第四条・第五条））

公共交通事業者等は、鉄道駅などの旅客施設を新たに建設し若しくは旅客施設について大規模な改良を行うとき、又は乗合バス車両などの車両等を新たにその事業の用に供するときは、これらを、移動円滑化のために必要な構造及び設備に関する基準（以下「移動円滑化基準」という。）に適合させることが義務付けられている。

また、既に事業の用に供している旅客施設及び車両等についても、それらを移動円滑化基準に適合させるために必要な措置を講ずるよう努めなければならないこととされている。

さらに、公共交通事業者等に対して、運行情報などの適切な情報提供を行うことについて努力義務を課すとともに、介助の仕方の研修等職員に対して必要な教育訓練を行うことについても努力義務を課している。

(3)　市町村による基本構想の作成等（第三章（第六条～第十四条））

移動円滑化を進めるためには、旅客施設に加え、その周辺の移動経路を構成する道路、駅前広場等についても一体的にバリアフリー化を進めることが望ましい。

そこで、一定の要件（一日の利用者数が五千人以上など）に該当する旅客施設（特定旅客施設）とその周辺の道路、駅前広場、信号機等について整合性をとりつつ、重点的かつ一体的に移動円滑化を進めるため、市町村が、基本方針に基づき、当該特定旅客施設を中心として設定される重点整備地区について基本構想を作成することができる仕組みを設けている。

(4)　国、地方公共団体及び国民の責務（第二十条）

国は、公共交通事業者等の設備投資等に対する必要な支援措置その他の移動円滑化を促進するために必要な措置を講ずるよう努めなければならないとともに、移動円滑化に関する研究開発の推進及びその成果の普及に努めなければならないこととされている。地方公共団体も、国の施策に準じて、移動円滑化を促進するために必要な措置を講ずるよう努めなければならないこととされている。

移動円滑化を進めるためには、公共交通機関の旅客施設及び車両等の改善、道路、駅前広場、通路その他の施設の整備だけでなく、国民の高齢者、身体障害者等に対する理解と協力、すなわち、国民の「心のバリアフリー」が不可欠である。これを踏まえ、国民は、高齢者、身体障害者等の移動を手助けする等、高齢者、身体障害者等の公共交通機関を利用した円滑な移動を確保するために協力するよう努めなければならないこととされた。

## 二 政省令等の概要

この法律に基づいて政省令等が制定されている。このうち、施行令においては、市町村が基本構想を作成できる特定旅客施設の範囲等を定めており、具体的には①一日の利用者数が五千人以上の旅客施設（当該市町村の高齢化率等からみて、高齢者等の利用者数がこれと同程度と認められるものを含む。）、又は②徒歩圏内に高齢者、身体障害者等が利用する施設が存し、当該旅客施設の利用の状況からみて、バリアフリー事業を優先的に実施する必要が特に高いと認められる旅客施設、のいずれかに該当するものが特定旅客施設とされている。

また、移動円滑化基準においては、旅客施設についてエレベーター等により段差が解消された「移動円滑化された経路」を一以上確保することや、乗合バス車両を低床化すること等、公共交通事業者等が満たすべき基準が具体的に定められている。

さらに、基本方針においては、二〇一〇年までに、一日あたりの平均的な利用者数が五千人以上の旅客施設について①段差の解消、②視覚障害者誘導用ブロックの整備、③身体障害者用トイレの設置、等のバリアフリー化を進めることを目標として定めているほか、市町村が基本構想を作成する際には高齢者、身体障害者等の参画による意見の反映に努めることなどが定められている。

## 三 おわりに

交通バリアフリー法は、主にハード面から交通における移動円滑化促進のための施策について定めたものである。しかしながら、本当の意味での移動円滑化のためには、ハード面の整備に加え、手助けや心遣いといったソフト面の対応が必要不可欠である。その意味からも、公共交通事業者等、地方公共団体等の関係者が移動円滑化の必要性を認識するとともに、国民一人一人の「心のバリアフリー」によってこの法の趣旨が活かされるよう希望したい。

〔国土交通省・警察庁・総務省〕

図5－1　高齢者、身体障害者等の公共交通機関を利用した移動の円滑化の促進に関する法律の基本的枠組み

**基本方針（主務大臣）**

・移動円滑化の意義及び目標
・移動円滑化のために公共交通事業者が講ずべき措置に関する基本的事項
・市町村が作成する基本構想の指針　等

**公共交通事業者が講ずべき措置**

**新設の旅客施設、車両についての公共交通事業者の義務**

（旅客施設を新設する際の基準適合義務）
・エレベーター、エスカレーターの設置
・誘導警告ブロックの敷設
・トイレを設置する場合の身体障害者用トイレの設置　等

（車両を導入する際の基準適合義務）
・鉄道車両の車椅子スペースの確保
・鉄道車両の視覚案内情報装置の設置
・低床バスの導入
・航空機座席の可動式肘掛けの装着　等

**既設の旅客施設、車両についての公共交通事業者の努力義務**

**重点整備地区におけるバリアフリー化の重点的・一体的な推進**

**基本構想（市町村）**

・駅等の旅客施設及びその周辺の地区を重点的に整備すべき地区として指定
・旅客施設、道路、駅前広場等について、移動円滑化のための事業に関する基本的事項　等

**公共交通特定事業**
・公共交通事業者が基本構想に沿って事業計画を作成し、事業を実施

**道路特定事業**
・道路管理者が基本構想に沿って事業計画を作成し、事業を実施

**交通安全特定事業**
・都道府県公安委員会が基本構想に沿って事業計画を作成し、事業を実施

**その他の事業**
・駅前広場、通路等一般交通の用に供する施設について必要な措置
・駐車場、公園等の整備　等

**支援措置**
・運輸施設整備事業団による補助金の交付
・地方公共団体が助成を行う場合の地方債の特例
・固定資産税等課税の特例

表5－1 **交通バリアフリー化の現状**

## 旅客施設

| | 対　象<br>施設数 | エレベーター<br>設置施設数 | エスカレーター<br>設置施設数 |
|---|---|---|---|
| 鉄　軌　道　駅 | 2,169 | 813　(37.5%) | 1,339 (61.7%) |
| バスターミナル | 6 | 6(100.0%) | 6(100.0%) |
| 旅客船ターミナル | 9 | 6　(66.7%) | 7　(77.8%) |
| 航空旅客ターミナル | 22 | 22(100.0%) | 22(100.0%) |

（注１）１日当たりの平均的な利用者の人数が5,000人以上である旅客施設のうち、鉄軌道駅については高低差５ｍ以上のもの、バスターミナル、旅客船ターミナル、航空旅客ターミナルについては２階建て以上のものを対象として、エレベーター、エスカレーターが１基以上設置されている場合にカウントしている。

（注２）平成１２年３月現在。旅客船ターミナルについては平成１２年２月現在。

## バス車両（乗合バス）のバリアフリー化の推移

（単位：両）

| 年度 | ４年 | ５年 | ６年 | ７年 | ８年 | ９年 | 10年 | 11年 |
|---|---|---|---|---|---|---|---|---|
| 低　床　バ　ス | 62<br>(0.1%) | 71<br>(0.1%) | 150<br>(0.2%) | 231<br>(0.4%) | 461<br>(0.8%) | 840<br>(1.4%) | 1395<br>(2.3%) | 2115<br>(3.6%) |
| うちノンステップバス | — | — | — | — | 19<br>(0.04%) | 145<br>(0.2%) | 433<br>(0.7%) | 840<br>(1.4%) |

（注１）低床バスについては、ワンステップレベルのスロープ付きバスとノンステップバスの合計。

（注２）平成１１年度の整備率算出には平成１０年度の総車両数を使用。

# 第5章 2

# 本事業と交通バリアフリー法

近畿大学理工学部土木工学科教授 三星 昭宏

## 一 交通バリアフリー法の成立

平成十二年五月、交通バリアフリー法（「高齢者、障害者等の公共交通機関を利用した移動の円滑化の促進に関する法律」）が成立した。その後法律を適用していくさいの基準値がパブリックコメントにかけられ、委員会による検討を経て十一月にその仕組みができあがり、各自治体での本格的な取り組みが始まっている。

この法において、ターミナルのバリアフリー基準は、それまでのガイドライン等を集大成したものとなったが、その中で阪急伊丹駅はトップモデルとしての重要な役割を果たした。さらに法律全体を通して、阪急伊丹駅が参考とされ、計画・設計手法が数多く取り入れられているといって過言ではない。この章ではこの法律を簡単に紹介し、阪急伊丹駅が交通バリアフリー法を推進する上でどのような意味を持つかを考えてみたい。

## 二 交通バリアフリー法の内容

交通バリアフリー法の成立によりわが国では屋内・屋外を通じたバリアフリーの法的な仕組みが整備され、今後地方で取り組みが大いに前進するものと期待される。またこれにより、二十世紀後半の生産中心でとにかく作るという時代から、環境に配慮し、「生活者・市民」など利用者の立場からきめの細かいクオリティの高いまちを作るという二十一世紀のまちづくりの大きな流れが生じてきているといえよう。この法律が成立する背景として、長年にわたる障害当事者の運動がある。

(1) 全体の仕組み

この法律は、運輸省、建設省、公安委員会（警察庁）、自治省の共同提案で成立した。その骨組みを示すと前節の図5―1（政府作成）のようになる。このように、四省庁が連携し、厚生省は今回入っていないことがこの法律の特徴と性格を示している。その内容は以下にまとめられる。

① 対象とする事業は、公共交通（運輸）、道路（建設）、交通安全（公安委員会）、その他である。公共交通には駅舎だけでなく車両も含む。

② 国は移動円滑化の促進に関する基本方針・基準を作成する。

③ 公共交通事業者は、新設または大改良のときに、国の移動円滑化基準に適合させねばならない。既存施設についても適合させるように努めなければならない。

④ 市町村は「重点整備地区」について、上記の関係者と協議して、移動円滑化に係る「基本構想」を作成する。

⑤ 公共交通事業者はこれにもとづき、公共交通特定事業の計画を作成する。これは主務大臣の認定を受ける。

つまり、人が集まる地区で、運輸・建設・警察にかかわるすべての施設や空間をバリアフリー化せねばならず、その基本構想の全体は市町村が作成することになる。

(2)　重点整備地区

重点整備地区は以下を含むエリアとする。

・特定旅客施設（鉄道駅・バスターミナルなど）と官公庁・福祉施設等を含むエリア

・一般交通用施設（道路・駅前広場・通路・その他）

・公共用施設（駐車場・公園・その他）

つまり、駅およびその周辺地区である。おおむね駅の周辺一キロメートル以下位の地区を想定しており、通常の駅前商店街、周辺の住宅等の市街地がバリアフリー化されることになる。

土地区画整理事業においてバリアフリーのための保留地をとることができる。

公益法人による情報・資金・調査研究を行う。

(3)　付帯決議

この法律の審議過程で、障害当事者、専門家、自治体等の意見が聴取された。とくに、当事者の声を重視したことが特徴である。審議の過程で出た討論により以下の付帯決議が加えられたが今後の論議ではこれを省いてはならないと思われるため、とくに説明しておく。

・事業者は適正なサービスを行い、国民には協力を求める。

・高齢者・身体障害者等関係者の意見を十分聴きそれらを十分反映させる。

・乗降客数が多い駅（省令では五千人／日以上となる）だけでなく、高齢者・身体障害者等の利用が多い駅についても必要な措置を講ずる。

・公共交通機関の施設整備についてはとくに支援措置を講ずる。

・ＳＴＳ（スペシャルトランスポートサービス）の導入やタクシーの活用を図る。

(4) 移動円滑化基準

以下に各種の基準として法令で定められたものを列挙する。

(道路)

二メートル以上の連続した幅員・視覚障害者のために標準十五センチメートルの縁石・歩道高標準五センチメートル・段差標準二センチメートル

縦断勾配五パーセント以下・横断勾配一パーセント以下・舗装は透水性舗装・・

(案内施設)

・誘導ブロック・点字または音声案内

(立体横断施設)

・垂直方向移動を少なくする 主要経路ではエレベーター

(停車場等)

・バス停、停留所、駐車場もバリアフリー化 ・積雪地での融雪

(信号機)

・音響機能、歩行者青時間延長機能付信号機 ・みやすい標識、表示

(鉄道駅)

・高低差解消 ・公共通路へは九十センチメートル以上幅の通路 ・一つ以上の八十センチメートル以上幅の通路 ・ホームと車両の段差と隙間を小さくする。・ホームドアや可動式ホーム柵 ・点状ブロックと誘導ブロック エレベーター、エスカレータ、トイレ、券売機を障害者対応に ・エレベーター一四〇×一三五センチメートルおよび音声案

内　・トイレ構造の点字案内　・階段のてすり

（車両）

・バス：低床バス（ノンステップバス・ワンステップバス）

・鉄道車両：車いすスペース　車いすトイレ　連結部転落防止

## 三　期待される法律の効果

今回の法律の特徴は、何といっても、交通施設は総合的にバリアフリーとしなければならなくなることである。その上で特徴となる点を列記してみると以下のようになる。

・面的、総合的整備が促進される。

・自治体の役割が大きくなる。

・新設は義務化を伴う。既設も推進する。

・省庁、部局、事業者、市民、当事者の連携が促進される。

・交通管理者（公安委員会）がバリアフリーに加わった。

・主動線での重点整備が促進される。

・責務が明確化される。

・当事者参加・市民参加が促進される。

・財源で起債が可能になる。

このように新しい仕組み・仕掛けが多数含まれており、これまでのバリアフリー行政からみると大きなステップアップとなったが、それを実行するのは自治体・事業者・当事者・市民・国民である。最低限の保証はできたといえるが、法律を活用して新しい水準を拓くことができるかいなかは一に関係者の意識改革・技術レベルの向上・運動にかかっているといえよう。

## 四　阪急伊丹駅と交通バリアフリー法

交通バリアフリー法における移動円滑化基本構想をたてるさい中心になる対象は駅舎である。阪急伊丹駅は基本的にその基準を満たしており今後のモデル駅となるものと考えられる。その上、阪急伊丹駅は当初からユニバーサルデザインを目指して、総合的により使いやすい駅を作ろうともくろんだ。むろん不十分な点もあり、まだまだ改良点はあるが、その努力は法の精神に合致するものであり、より高いレベルのターミナルを作ろうとする場合の前例として役に立つはずである。というより、すべての新設駅でこれを上回るものを目指してほしいし、既設でもこのような精神とプロセスで改善にあたることを期待したいものである。阪急伊丹駅を完成型とみるのではなく、それを乗り越えようとする努力が行われてこそこの駅の歴史的価値があると考えられる。

# 第6章

# 阪急伊丹駅のバリアフリー駅としての事後評価

# 第6章 1

## 事後評価ワーキンググループの検討結果から

近畿大学理工学部土木工学科教授　三星　昭宏

阪急伊丹駅については、とくに事後評価にも力を入れた。これは以下の理由による。

(1)　わが国では公共的な施設であっても建設後その善し悪しを事後に評価する事例が少なく、近年ようやく経済評価を中心にそれを行いはじめたにすぎないことに問題意識があった。

(2)　委員会の目的は、障害当事者の自立支援と、すべての市民にも質の高いサービスを提供することにあり、具体的な形をもつその駅舎を作ることは、目標であってもさらにその上に上記の目的があり、どれだけその目的が達成されるかに関心があった。

(3)　前述のように今後の福祉モデル駅として今後参考にしていただく情報発信を行う義務があるものと認識し、きちんとした事後評価は委員会の責務であると考えた。

事後評価は利用者による評価と、専門家による評価を行った。その結果のデータは後で示すことにし、ここでは指摘された内容のポイントと思われる点について述べる。

（全般的評価）

全般的には「良い」評価が得られ委員会としては「頑張ってよかった」と勇気づけられ

た。その主な内容は以下である。

① バリアフリーについては現段階のレベルをこえている。

② 分かりやすく、親しみが持てる。

③ デザイン的にも美しく、阪急らしさが感じられる。

ちなみに、運輸省（当時）・交通エコモ財団による全国のターミナル評価の結果では、伊丹駅はトップのレベル評価を受け、この評価基準ではほとんど満点がつく状態で内心はうれしくもあったが、志を高く持つ立場からは満点を頂くべきでないと考え、いくつかの欠点部分を採点から引いていただくよう御願いしたほどである。このことにより、改めて全国の平均的レベルに問題があり、改善課題が多いことを痛感させられたものである。

一方、問題点・課題としてあげられた主な点は以下である。

① 正面の一階から三階を経由して改札口に至る経路が最初に来た人には意外に分かりにくい。この点は三階でエスカレータから一旦Uターンする構造またはその案内に課題があるものと考えられる。

② サインシステムも一応整備されてはいるものの専門家の目からみると人間工学的に十分とはいえない。ホームの緊急ボタン表示などもデザイン・色において工夫の余地がある。

③ エレベーターの位置は平均水準からみると分かりやすいといえるが、一階も三階も初めて来た人にも十分分かりやすいとはいえず工夫の余地がある。

④ その他券売機・トイレなどの細かい造作で改善の余地がある。

などである。

これらは、検討の段階で分かっていたが諸処の理由でやむをえないとしたもの、施工した結果気づいたもの、気づかなかったものなどいろいろである。中にはユニバーサルデザインを標榜しながらの結果として残念なものもあり、今後の参考にしていただきたい。

# 第6章 2 バリアフリーデザイン達成度と問題点

東京都立大学大学院都市科学研究科教授　秋山　哲男

## 一　はじめに

伊丹駅はユニバーサルデザインとして設計されているとはいえ、完成した一九九八年からすでに三年経っている。したがって絶えず使いやすくするための努力を怠っている場合は、ユニバーサルデザインのアプローチに綻びが見え隠れするはずである。この点を明らかにすることをここでは主たるねらいとする。

そのためにまずバリアフリーデザインとユニバーサルデザインの考え方を示して、次にユニバーサルデザイン度（UD度）を提案し、この点から伊丹駅の評価を行った。

(1)　一般的なユニバーサルデザインと都市空間のユニバーサルデザイン

都市空間を何故バリアフリーにしなければならないか。その理由は、三十年以上前にさかのぼるが、障害を持つ人も高齢者も誰もが地域でごくあたり前の生活ができる考え方であるノーマライゼイション社会を実現することである。ノーマライゼイションの保障は言い換えれば、憲法二十五条で保障されている人間として最低限度の生活、つまり生存権や生活権の保障をすることである。このノーマライゼイションを都市空間や交通施設において保障する手段としてバリアフリーデザインやユニバーサルデザインがある。

ユニバーサルデザインのコンセプトはすべての人が使いやすいこと。しかも、①公平であること、②自由度が高いこと、③単純であること、④分かりやすいこと、⑤安全であること、⑥余計な体力を使わないこと、⑦使いやすい適正な空間と大きさの確保、など七つの原則がある。

このユニバーサルデザインを分類すると、①機会平等（差別をしないなど）、②使いやすさ（施設・設備・機器の使いやすさであり、ユニバーサルデザインの最も重要な部分である。）③適正な都市空間の確保（ゆとりのある空間づくり）、の三つに要約できる。

詳細は表6―1に示した。

(2) 都市のユニバーサルデザイン

都市のユニバーサルデザインは「誰もが住みやすい都市」をいかに造るかを目的とする。その具体的な内容は、①福祉（ノーマライゼイション）、②安全・安心、③環境（都市環境の保全）、の三つの要素により「住みやすさ」を実現することである。

① 福祉

福祉とは、ノーマライゼイションの考え方である障害者・高齢者などが安心して地域で健常者とごく当たり前の生活をすごせる社会を目指すこと。そのために様々な地域のモビリティ（移動）を確保することや駅・建築物のアクセスを確保することである。

② 安全・安心

安全・安心とは、日常的な安全として交通事故や転倒などの自損事故からの安全、都市犯罪からの安全を確保することである。震災を含む災害時の安全も含む。加えて、地域で高齢者・障害者をはじめとするすべての人が安心して生活できる日常生活の安心が確保さ

表6－1　ユニバーサルデザインの七つの原則

| | 原則 | 内容 | 事例 |
|---|---|---|---|
| 機会平等 | ①公平性 | 使う人によって不利にならないこと | 自動ドア |
| 使いやすさ | ②自由度 | フレキシビリティ（自由度）があること。 | 左右どちらでも使えるハサミ |
| | ③単純性 | 使い方が簡単ですぐ分かること | 絵による説明、動く歩道 |
| | ④分かりやすさ | 必要な情報がすぐに理解できること。不必要なものを省きシンプルで、直感で分かるデザインであること。 | 駅や空港などのサインシステム、遠くから見える駅・バス停など |
| | ⑤安全性 | デザインが原因の事故をなくすこと。うっかりミスや危険につながらないデザインであること。 | 誤りを簡単に直すことができるコンピュータソフト |
| | ⑥省体力 | 無理な姿勢をとることなく、余計な力を使わずに少ない力でも楽に使用できること。 | さわるだけで転倒する照明器具 |
| 空間確保 | ⑦スペースの確保 | アクセスしやすいスペースの広さと十分なサイズの大きさを確保すること。 | 駅における幅広な改札口、ゆったりトイレ |

れること。例えば医者の往診がいつでも可能、食事サービスが受けられるなど様々な在宅サービスが受けられること、などである。

③　環境

環境とは、地球環境と共に都市環境を保全し、しかも環境負荷が少ない都市を造ること。環境負荷の少ない都市とは都市そのもののエネルギー消費量を少なくすることで、居住にかかわるライフライン、生産の様々なシステム、移動にかかわる交通システムなど効率的に供給できる都市を構成することである。具体的には一定規模の都市について供給単位をクラスターで造ったり、交通においては移動距離をできるだけ少なくする日常生活圏に必要な施設を配置することである。また都市内の移動においては公共交通の移動により自動車の移動と変わらない便益を得られる都市形態を目指すことである。また人の移動負担やアクセスの面からも様々な利用施設が身近な生活圏に揃っているコンパクトな移動で生活を満たすことができる都市づくりである。

(3)　都市のユニバーサルデザインの達成方法

都市のユニバーサルデザインの目標である福祉、安全・安心、環境を達成するためには、継続と協働が不可欠である。さらに運用と人材確保がこれに加わる。

都市のユニバーサルデザインを計画的に実現するためには①協働、②継続、③人材・運用、の三つが不可欠である。①協働とは、従来型の行政主導の計画から住民主体の計画に大きくシフトすることであり、そのために官民の協働と行政の多様な部局間の壁をなくすことである。また住民の意見が反映されるためには、住民の参加した計画や整備が不可欠である。②継続（フードバック）とは、言いかえれば結果を求めるのではなく、絶えず住みやすい都市づくりを目指すプロセスを重視することである。つまり、終わり無き努力を重ねることである。③人材・運用とは協働や継続を実現するためには、必要な人材を育てることと、適切な部所に配置することである。運用とは様々な企画や計画を実現するためのシステムを構築することである。

## 二　ユニバーサルデザイン達成度とは何か？

階段に、エレベーター、スロープを付加したりすることが一般にはバリアフリーと考えられている。しかし、それらを整備すれば完了かというとそうではないのがユニバーサルデザインである。バリアフリーデザインにも絶えずよりよいものに変えていく考え方が含まれているが概念として明確ではない。これに対してユニバーサルデザインはプロセスや継続をより鮮明に位置付けている点から、よりよい施設・設備・システムを計画、整備、点検、改善、そして再び計画へと連続的に継続して努力することを明確に位置付けている。

表6―2は基準のレベルとして、交通バリアフリー法の移動円滑化基準を満たしているか否かやガイドラインを横軸に、縦軸にユニバーサルデザイン（UD）の達成度を示したものである。まずユニバーサルデザインで重要なことは最低限交通バリアフリーの移動円滑化基準を守ること、可能ならばより質の高いガイドラインやそれ以上のレベルを絶えず継続して改善の努力を目指すことである。また、基準のレベルとUD達成度によりその領域をA、B、C、D、Eの五つの領域に分けた。

A：きわめて満足度の高い良好な整備を行った領域

例えば移動円滑化の経路と全ての施設・設備・運用が利用者に安全・安心してかつ使いやすい整備が施されているもの。また、必要なヒューマン・サポートも十分機能していること。さらに、継続して改善して行くシステムが存在する。

B：バリアフリーデザインを満たした領域

例えば移動円滑化基準を満たしているが、まだ使いやすさの向上を図れる可能性がある施設・設備などである。しかし、継続して改善して行くシステムが明確に存在しない。

C：バリアフリーデザインを満たしているが問題ある整備の領域

①遠回りのルート：各施設・設備等が移動円滑化基準やガイドラインを満たして移動経路はバリアフリーになっているが、移動経路が著しく長く高齢者等には身体的な負担が

表6－2　ユニバーサルデザイン達成度など移動円滑化基準

| | | | |
|---|---|---|---|
| 4．誰もが区別されず使える良好な整備 | — | A | A |
| 3．高齢者・障害者も問題無く使える整備 | — | B | A |
| 2．高齢者・障害者が使えるが問題ある整備 | D | C | C |
| 1．高齢者・障害者が使えない整備 | E | — | — |
| UDの達成度／基準のレベル | 移動円滑化基準を満たしてない整備 | 移動円滑化基準の整備 | ガイドラインの整備やそれ以上の整備 |

大きいルートになっているもの。

②　協働がうまく行かないルート：駅舎や駅前広場、駅前の建築物など個別施設はバリアフリーデザインを満たしているが全体のルートが調整できなくてバリアがあり、問題ある経路となるもの、などである。

③　システムが著しく不便：エレベーターを整備することにより障害者のモビリティは確保はできるが、駅ビルの開店から閉店九時―二十一時までの間しか使えない場合、早朝や夜間には使うことができない。

D：移動円滑化基準等を満たしていなく、かつ問題ある整備の領域

①　努力して利用可能に、しかし移動円滑化基準を満たしてない：この領域は既存施設に多く、使えないものを基準は満たさないが使えるように努力したもの。例えば階段にスロープを整備しているが勾配が基準を満たしていないもの。数段の階段に基準より勾配がきつい例えば八分の一スロープをつくるケース。

あるいはトイレで車いす使用者が使えるトイレがないが、一般トイレのドアを車いす使用者の出入りができる広さに変えて使えるように改善したものなどである。

② 使えないものを運用で使えるように：既存の施設で階段十段程度あるが、スロープやエレベーターの整備が困難で、その代わりにステッピングカーを整備して対応した場合など。

E：移動円滑化を満たしておらず、障害者も使えない最も問題の大きい領域

交通バリアフリー法はこの領域をいかになくすかという観点から早急に整備を必要とする領域である。物的な整備が困難な場合代替案の検討を求める領域である。たとえば、利用困難な鉄道駅の場合、他の駅へ移動困難な人を送迎する代替ルートの確保のサービスも必要である。

## 三 伊丹駅のユニバーサルデザイン達成度の評価

### (1) 協働・継続

私が伊丹駅の整備を伺ったのは一九九五年の震災を受けた後、当時のアメニティ推進機構（現在の交通エコロジー・モビリティ財団）の酒田理事長が関西で整備する場合、如何したらよいかということから始まった。そしてすぐに近畿大学の三星昭宏教授に電話し、最大限の努力をしたいというご返事を頂いて後は三星先生の粘り強い努力によって完成までこぎつけた。ここでこの成果を振り返ってみる。

#### ① 協働の実践

協働とは様々な立場の人が互いに協力してよりよい施設を作り上げていくための協力体

制のことである。

例えば医学の世界では患者にきちっと説明して治療を選択するインフォームドコンセントへの方向が模索され、都市の領域でも、関係する住民・企業・行政が協力してよりよい都市施設を作る住民参加のことを意味している。

ユニバーサルデザインの重要な要素である協働に関しては、この伊丹において、土木計画・建築計画などの専門の参加、運輸省（国土交通省）、県、市などの異なる行政の参加、当事者の参加の協働が図られたことは、鉄道駅の計画においては歴史的にもほとんどないのではないか。通常は有名な建築家やコンサルタントに委託して、数案作られそれを選択して行くパターンが多い。ドイツのある駅とその周辺計画では市役所に模型・VTRをおいて、いつでも整備の説明がなされるといった市民全体の参加まで行っている。伊丹駅の計画はここまでのレベルではなく、必ずしも十分な協働とは言えないが、今までのわが国の駅づくりと比べると、極めて進歩した計画づくりである。特に、障害を持つ当事者参加に効果をあげた。

② 継続

継続、あるいはプロセスの点からも、計画に当事者参加が果たされ、実施、そして作られた後の事後評価のプロセスは、ユニバーサルデザインの極めて重要な要件である。伊丹駅の完成後三年間の間に利用者の評価、当事者の評価、専門家の評価等を行なったことが、ユニバーサルデザインの要素である継続を保っている。しかし、その評価のあと問題点の改善がなされた時に、伊丹駅ははじめてこのユニバーサルデザインの駅として名乗ることができるのではないだろうか。

(2) デザインシステムの評価

UD達成度からみた伊丹駅のデザインとシステムの評価を述べたい。ここで言うデザインとはすべての人が使いやすい観点から空間・施設・設備の設計がなされているかであり、システムとは人的サポートや仕組みができているかをいう。

**駅前広場と駅舎総合的な施設・設備**

① 移動円滑化経路の確保（評価A）

交通バリアフリー法にとってもっとも重要な駅と駅広を結ぶルートが、エレベーター、上下のエスカレーター、階段の三点セットがしっかり装備されていること。

② 駅舎のシンボル性

駅と商業等の複合的機能を持たせたことによる、遠くから駅であることのわかりにくさがある。

③ 駅の見通し

オランダのホイエタプトラス駅は交差駅で、何処にいても自分の位置と鉄道のホームと昇降口（エレベーター・階段）・改札口が見える駅である。この点から見ると伊丹駅は何処からでもわかるという点が最初から考えにない設計であった。

④ ペデストリアンデッキのルート（B）

二階レベルにペデストリアンデッキを整備し、道路を横断しないで反対側に渡る設計やビルに入る設計がなされているが、ビルが使われていないことなどから当初の計画からやや必要性が少なくなっている。

⑤ サイン計画（B）

伊丹駅のサイン計画は努力して整備した点は評価できる。しかし、サインそのものの大きさ、色の組み合わせ、掲出位置など必ずしも適切ではなく、今後の改善の余地がある。

**特定施設・設備**

⑥ 避難スペース（A+）

ホームにおける火災等が発生した場合の避難スペースの確保は、全国の橋上駅を見渡しても、伊丹以外には見当たらない。この施設は思いもよらない、優れた整備と考えられる。その点で、今後のこの様な整備が極めて大変な考え付かない整備であったことからUD度の評価は高いものがある。

⑦ 授乳室、インフォメーションセンター（A+）

一九九〇年初頭、ストックホルムの授乳室や子供遊び場が整備されているのをみて、駅の意味が単なる交通結節点機能でないことを感じた。今回ここで整備され、授乳室やインフォメーションセンターは単なる空間の確保でなく、人に対する暖かなヒューマンサポートが何気なく実現している。これらの整備は正常の駅整備ではほとんど考えられなかったに違いない。つまり、駅が単なる交通ターミナルから都市の空間へと変化し始めていることを感じさせるものである。

⑧ ホームの段差とギャップ（E→D）

プラットホームと車両には高低差（段差）とすき間（ギャップ）が存在する。今回交通バリアフリー法で、できるだけ平坦にすることが示されている。伊丹の場合、車両とホームの整備はこの問題点を渡し板で解決を図っている。この点、円滑化基準を満たしていないが、使える努力を払ったものと考えられる。

# 第6章 3

# 障害のある当事者として見た、伊丹駅の「参画」

一級建築士事務所　アクセス　プロジェクト　川内　美彦

## 一 参加から参画へ

平成十二年十一月に施行された交通バリアフリー法（高齢者、身体障害者等の公共交通機関を利用した移動の円滑化の促進に関する法律）については既に多くの解説がなされているが、特に利用者の立場から見てポイントとなるのは、「参画」だろうと思われる。

同法の国会での審議においては、衆参両院で「高齢者、身体障害者等をはじめ関係者の意見を幅広く聴取する等により、それらが十分に反映されるように努めること」（注1）を求めた付帯決議が行われているし、大臣による基本方針にも「公共交通機関を利用する当事者である高齢者、身体障害者等を始め関係者の参画により、関係者の意見が基本構想に十分に反映されるよう努める」（注2）と述べられている。

昭和五十六年の国際障害者年のスローガンは「完全参加と平等」であったから、二十年を経て参加から参画へと表現が変化したわけだが、私は交通バリアフリー法における「参画」は、あえてその言葉を使おうという意識のもとに登場してきたと理解している。

参加と参画に概念上の違いが明確にあるのかどうか、もしあったとしてもそれが社会的に定着しているのかどうかについては議論があろうが、参画は参加に比べて深い関わり方を示唆しているのは明らかであろうし、また参画という言葉に対する期待もそこのところにあると思う。

たとえ意見を述べる機会を与えられるようになっても、それが結果に取り入れられるかどうかはわからない、あるいは結果に達するまでにどのような検討がなされたのかがわからない。そのような頼りなさに対する教訓から、参画の必要性が認識されてきたのだと思う。

もちろん参画は交通バリアフリー法によって初めて紹介された考えではないし、これまでにもそれを標榜した試みは多くなされているが、参画という目標に対して十分満足できる成果を上げたものは、それほど多いとは言えないのではないだろうか。

## 二 伊丹駅の参画

阪急伊丹駅は本格的な参画の手法を用い、高いレベルでそれを実現した好例として挙げることができるだろう。参画を成功させる要素として、事業者側が聞く耳を持ち、その声に真摯に対応する姿勢を持っていること、利用者側が自分たちのニーズをきちんと伝えていくこと、この両者をつないで議論を深め、合意に導いていくリード役がいることなどが挙げられる。伊丹駅の場合、事業者側として阪急電鉄や伊丹市があり、リード役として三星・田中両先生および交通エコロジー・モビリティ財団が大きな役割を担ったわけだが、これら三者のバランスが崩れることなく議論が行われたことは特筆に価すると思う。いろいろな考えを持った関係者が一つの駅を造ろうとすると、すんなり合意が形成されるはずがない。関わっている人は対立するように見える互いの意見を聞き、合意点を目指さなければならず、そこにリード役の重要性がある。

検討作業の中で、エレベーターの位置を変えたいという提案が行われたという。設計する側の論理で言うならば、これは手戻りが大きく、あまり乗りたくない話ではあるが、事業者側はそれに応じた。

実は鉄道駅のアクセシビリティについては、東京圏よりも大阪・神戸周辺のほうが取り組みが早く充実しているという評価があるが、その大阪・神戸周辺で先鞭をつけたのが阪急電鉄だといわれている。この地域と同社のこのような姿勢と、伊丹駅における積極的な関わりには、何かしら通じるものを感じる。

## 三　障害のある人の関わり

車いすを使う加藤作子さんに聞いたところによると、伊丹駅の検討作業に関わるようになったとき、彼女たちは自分たち以外の人のニーズも入れ込まなければならないと思ったという。そのために彼女たちは、視覚障害や聴覚障害のある人に話を聞いたり行動を共にしたりして、そのニーズに対する理解を深める努力をしていった。また評価の高い事例の調査なども精力的に行ったという。自分たちは障害のある人の代表として検討メンバーの一員になったけれど、自分たちの知っていることはわずかなことに過ぎないという意識が、彼女たちにこうした自覚を与えたのだろうと思う。

参加においては、自分のニーズを言い放しでもよかったかもしれない。ほかの人のニーズは知らない、後のややこしいことは専門家にやってもらえばいい、ということでもよかったかもしれない。しかし参画となると、結果に責任を持つことが求められる。自分のことだけを言っていては収まりがつかないのである。このことを加藤さんたちはよく認識していたといえる。

このような実例に接すると、参画という装置が、関係者の成熟に大きな役割を果たすことが実感される。

## 四 事後評価

このような造るまでの努力に加え、伊丹駅で行われた事後評価の試みは注目すべきものだと思う。複雑で多様なニーズを満たしていくことはそれほど容易なことではない。長い時間をかけた試行錯誤が唯一の、そして最も有効な作業だと私は思う。もちろんたとえ問題点が見つかったとしても、できて間もない伊丹駅にすぐに手を入れることは現実的ではないかもしれない。しかし事後評価は貴重な情報の宝庫であり、これは単に伊丹駅や阪急電鉄だけに有用なものではないし、鉄道駅だけに有用なものでもない。可能な限り多様な人の視点によって事後評価を行い、そこで得られた知見をいかに共有のものとして広く伝えていくか、その知見から問題の原因を見つけ出し、同じことを繰り返さないように活用できるかどうか、そこに事後評価の意義があるのだと思う。

伊丹駅の事後評価結果が今後どのような形で生かされるのか、私は知らない。ここまできて、こんな問題点が明らかになっているという情報が広く共有できる仕組みづくりに発展することを期待している。

## 五　パブリック・コメント

参画といっても、実際にそのプロセスに加わることができるのは多くの利用者の中のひとつまみに過ぎない。従って、その人たちの関与をもって参画がなされたとするのは早計であろう。関心はあるが具体的な行動を取るには何らかの制約があるという人が無数にいて、このような人たちは実際の会合には出てこないけれど、何らかの意見を表明したいと思っているわけで、その意見を聞く仕組みが必要であろう。

いま国のレベルではパブリック・コメントがしばしば行われている。これは法案や設計規準案に対して個人のレベルで意見を寄せることができる試みだが、これはもちろん国のレベルに留まるべきものではないと思う。

交通バリアフリー法によって市町村が定めることができる基本構想や、伊丹駅のような公共性の高いプロジェクト、あるいはその事後評価において、地方自治体単位といった小さなエリアの中でのパブリック・コメントが必要なのではないだろうか。

## 六　テストケースに留まらず

阪急伊丹駅は交通エコロジー・モビリティ財団などの支援もあり、いわば先駆的なテストケースと言っていい。しかしこのテストケースは見事な結果を出し、参画の有効性を証明した。今後このような事例が増え、一般化していくことを切に望んでいる。それが、あたかも交わることのない二本の線のように思われている障害のある人とその他の人たちの間の、「あの人たち」と「私たち」の壁を乗り越えるのにも有効なのである。

（注１）参議院交通・情報通信委員会付帯決議。（平成十二年五月九日）

（注２）三　基本構想の指針となるべき事項、１　重点整備地区における移動円滑化の意義に関する事項の、⑹　高齢者、身体障害者等の意見の反映、から。

第6章　4

# 鉄道駅のやさしさ評価から見た阪急伊丹駅

公共交通ターミナルやさしさ評価委員会　委員長代理　藤井　彌太郎

## 一　鉄道駅のやさしさ評価の概要

鉄道駅のやさしさ評価は、高齢者、障害者をはじめ、鉄道駅を利用する際に何らかの制約を有する利用者の快適で円滑な利用に向けたバリアフリー対策について、明確な指標と基準を作成し、全国の鉄道駅を利用者参加で評価を行う事業である。

本評価の結果は対象者ごとにランク付けし、社会に公表することによって鉄道事業者のバリアフリーへの意欲と関心を喚起するとともに、調査で得られたデータをもとに利用者のニーズや問題点、課題を明確化し、より水準の高い整備のための基礎資料として活かすことを目指している。

平成十一年度は、三大都市を中心とし、阪急伊丹駅を含む十ターミナル三十一事業路線駅、平成十二年度は全国の四十七ターミナル九十八事業路線駅について評価を行い、今後とも継続の予定である。評価結果は事務局である交通エコロジー・モビリティ財団のホームページ（http://www.ecomo.or.jp）で公開している。

(1)　評価の考え方

本評価では、鉄道駅利用の際の制約を、移動・アクセスに関する制約（鉄道駅へのアクセス、ターミナル内の移動）、情報認知・伝達に関する制約（経路の認知、案内情報の認知、意志伝達）、施設利用に関する制約（施設、機器・設備の利用）の三つに集約し、評価の指標と基準を作成している（表6―3：評価指標の視点）。

(2) 評価の対象者

本評価では、駅の利用に際し何らかの制約を有する対象者と対象とするケースを以下のとおり設定している（表6―4：評価の対象者）。

(3) 評価の進め方

評価にあたっては、乗降客数の多いルートを主動線として設定し、各対象者と共に通常の利用の順に沿って移動し、各部位ごとにチェックシートを記入し、基準の適合や利用者の意見、感想を調査している。

基本的なバリアフリー対策が行われ、質的基準も満たしている場合を「A」、基本的なバリアフリー対策が行われているが質的基準を満たしていない場合を「B」、移動や利用が困難な場合を「C」としてランク付けを行っている。

なお、より望ましい対策や特に注目すべき取り組みについては、「A⁺」としている（表6―5：評価結果のランク付けのポイント）。

## 二　阪急伊丹駅の評価結果

阪急伊丹駅の評価結果は表6―6及び図6―1に示すとおり、非常に高い結果となっている。ほとんどの対象者が単独で利用でき、付帯設備も充実している駅であると言える（表6―6：駅のやさしさ評価結果概要、図6―1：阪急伊丹駅の評価結果の全体概況）。

表6－3　評価指標の視点

| | |
|---|---|
| 移動のしやすさ | 移動経路の短さとわかりやすさ<br>視認性・直線性・主動線性 |
| | 水平移動のしやすさ |
| | 垂直移動のしやすさ |
| 案内情報のわかりやすさ | 適切な案内情報の提供 |
| | 内容・表示のわかりやすさ |
| | 見つけやすさと位置の適切さ |
| | 安心と信頼を生む人的サービス |
| 施設・設備の使いやすさ | 利用者の快適性を向上させる施設・設備の設置の有無 |
| | 近づきやすさと操作しやすさ |

表6－4　評価の対象者

| | 対象と想定するケース |
|---|---|
| 高齢者 | 歩行が困難な場合、視力が低下している場合、聴力が低下している場合<br>※電動三輪は本対象に含まない |
| 車いす使用者 | 手動車いすを利用、電動車いすを利用 |
| 肢体不自由者（非車いす） | 杖などを使用している場合、長時間の歩行や階段、段差の昇降が困難な場合<br>重い荷物を持っている場合、妊産婦、乳幼児連れ、初めて駅を訪れる場合も含む |
| 内部障害者 | 長時間の歩行や立っていることが困難な場合 |
| 視覚障害者 | 全盲、弱視 |
| 聴覚・言語障害者 | 全聾、難聴、言語に障害がある場合 |
| 知的障害者 | 一人での利用が想定される場合<br>※介助が必要な場合を含まない |
| 外国人 | 日本語が理解できない場合 |

表6－5　評価結果のランク付けのポイント

| 調査部位 | | 評価・ランク付けのポイント |
|---|---|---|
| 移動 | 視認性<br>直線性<br>主動線性 | 見通しの良さ、直線性、主動線性を総合的に評価し、空間そのものの善し悪しについて記述 |
| | ・外部から出入口<br>・出入口から改札<br>・改札からホームに至る階段<br>・ホームから列車の乗降<br>・ホームから乗換・公共通路 | A：階段や段差がない<br>：基準を満たしたエレベータ、エスカレータが設置され、基準（形状・寸法等）を充足<br>：階段の構造、踏面端の色の区別、手すりが基準（位置・形状）を充足<br>B：エレベータ、エスカレータなど昇降装置はあるが基準が不足<br>C：上記昇降設備がない<br>：階段の構造、手すりが基準を満たしていない |
| | | A：列車とホームの間に段差、隙間がなく端が色で区別されている<br>B：段差、隙間はあるが端が色で区別されている<br>：段差、隙間解消の対策がある<br>C：ホームの端がわかりづらい |
| 案内情報 | ・出入口からホームの経路<br>・構内施設・設備の位置<br>・料金表・経路表<br>・列車の運行<br>・緊急情報 | 左記のそれぞれの案内情報について<br>A：必要な情報が適切な大きさ、位置に設置されている<br>B：表示はあるが内容、大きさ、位置提供方法が不足<br>C：表示が不足 |
| | ・ソフト対策 | A：職員研修、マニュアル、介助体制のすべてが整っている<br>B：上記の二以上が整っている<br>C：上記がまったくない、もしくは一つしかない |
| 施設・設備 | ・券売機<br>・改札機<br>・発券カウンター<br>・トイレ<br>・車いす対応トイレ<br>・休憩、ベンチ等<br>・救護<br>・電話等 | 左記のそれぞれの施設設備について<br>A：必要な設備が整っており、基準（形状、寸法、設置方法、誘導方法等）を満たしている<br>B：必要な設備はあるが、基準を満たしていない<br>C：必要な設備が不足 |

表6－6　阪急伊丹駅の評価結果概要

| 調査対象としたルート | |
|---|---|
| R1：1階出入口～3階改札～プラットホーム（3階） | |
| 移動の総評 | ◎主動線にエレベータが設置<br>●ホームから車いす使用者の避難スロープ有り<br>○ほとんどの経路にエスカレータが設置<br>○階段の手すりは基準を満たしている<br>△階段踏面端の色区別なし<br>○誘導ブロックは一通り連続して設置<br>○警告ブロックは必要箇所に設置 |
| 案内情報の総評 | ○必要な案内情報は一通り提供されている<br>△バリアフリールートの案内が充分ではない<br>○手すりの点字は一通り設置<br>●白杖反応式音声案内有り<br>○列車入線を知らせる点滅灯あり<br>△手話への対応は不可<br>○主要な経路・位置案内が図記号、英語またはローマ字で表記されているが大きさ、内容には課題有り |
| 施設・設備の総評 | △車いすで利用できる発券カウンターは使いやすさが不十分<br>○トイレ：手すり付き、洋式有り<br>○車いす用トイレは基準を満たしている<br>○ベンチ有り<br>○設備への誘導ブロックは一通り設置<br>△券売機の点字不足<br>△設備の音声案内は不足<br>○公衆ＦＡＸが案内所に有り<br>○音量調節付き電話は設置、モバイルも対応可 |

図6－1　駅のやさしさ評価結果の全体概況

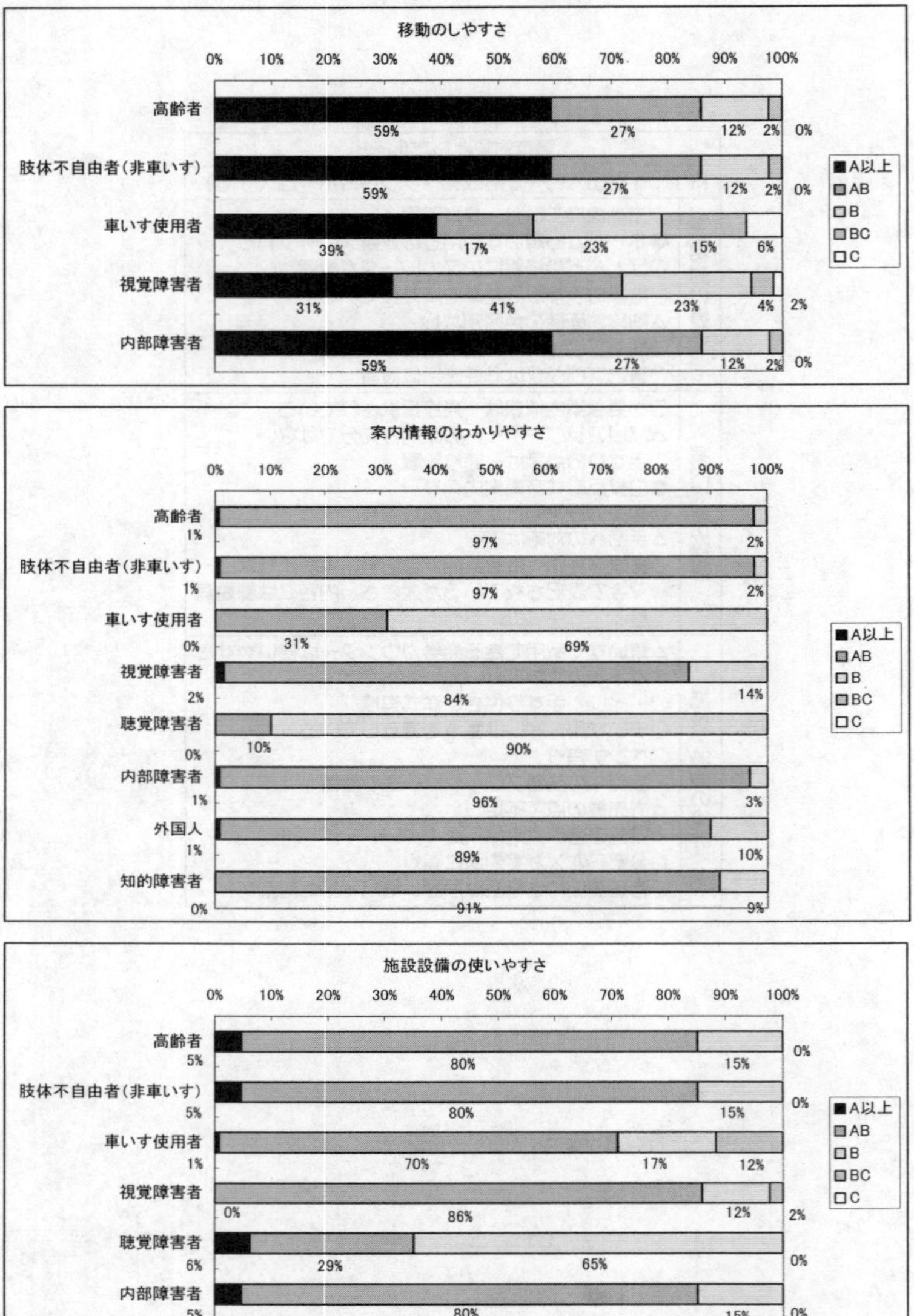


注：図中の割合は、平成１１年度調査駅３１駅、平成１２年度調査駅９７駅の合計１２８駅に対する割合である。

## 三　阪急伊丹駅の優れている点

(1)　駅の特性

阪急伊丹駅が他の駅と比べて優れている点を述べる上では、まず空間の特性について触れる必要がある。阪急伊丹駅の最大の特徴は終端駅であることである。改札とプラットホームが同一階にあり、その間の動線が一方向のみであるため、乗降動線が単純明快である。また、地上から改札やプラットホームがある三階までの垂直動線を駅ビルの設備と共有しており、動線空間に比較的ゆとりがある。多くの既存駅が限られたスペースの中で複雑な動線をバリアフリー化する必要があることを考えると、空間そのものの計画の重要性を再認識させられる。

(2)　地上から改札までの垂直動線について

阪急伊丹駅の改札及びプラットホームは三階にあるため、地上からの垂直移動設備は重要なポイントとなる。エレベーターは、十五人乗りと二十一人乗りの大きめの設備が二基設置されている。多くの駅では、各動線に十一人乗りのエレベーター一基であり車いす使用者が一人ずつ移動することが多いことを考えると、複数の車いす使用者や車いす使用者と他の利用者が共に同時に移動できる点は高く評価できる。

エスカレーターについても地上から改札まで直線的に上下方向が設置されている。多くの駅に見られるのは、エレベーターと上りエスカレーターの組み合わせであるが、下り動線においてエレベーターの容量が小さいため高齢者が階段を下ることになり、結果として移動負担の軽減に課題が残っている場合がある。阪急伊丹駅は、すべての利用者の移動負担の軽減が確実に図られているといえる。

(3) 改札とプラットホーム間の動線について

阪急伊丹駅の改札からホームへは一メートル程度の高低差があるため全体が傾斜路となっている。表面が、滑りにくい仕上げとなっていることに加え、踊り場部分の仕上げの色を変え、傾斜部分と水平部分が見た目で区別できるようになっている。視力が低下した高齢者や弱視の利用者に対するきめ細かい配慮であり、他に例の少ない評価すべき取り組みである。完成時には色の区別はされていなかったが、つまずく等の事故が発生したため色わけを実施したとのことである。バリアフリー整備を一過性の整備に終わらせず、フォローアップでき細かい点まで高度化を図るという姿勢は、非常に高く評価できる。

(4) プラットホームの避難用傾斜路について

阪急伊丹駅のプラットホームにおける最大の特徴は、ホーム先端に車いす使用者が避難できる傾斜路が設けられていることであり、他に例を見ない。バリアフリー化に加えて、避難など安全対策は重要な視点であるが、これまで明確な対策が取られている駅はない。阪急伊丹駅の場合、線路空間との取り合いなど多くの制約条件下で工夫を凝らした知恵の結晶と言える。何よりも重要なことは、設備があるという点で利用者に安心感を与えていることである。単に利用できるという以上に、安心して利用できるという点がバリアフリー対策には必要である。

(5) プラットホーム端の区別について

視覚障害者を中心に最も要望の高いのが、プラットホームからの転落防止対策である。阪急伊丹駅では、対策の一つとして、ホーム中央の床が黒っぽい色であるのに対し、ホーム端は明るい色となっており色の区別による注意喚起を行っている。他には例を見ないきめ細かい対策であり、やさしさ評価においても弱視の利用者から高い評価を得ている。ホームからの転落防止対策としては、ホームドアや可動式ホーム柵が望ましいが、予算や空間制約がある中で少しでも危険を防止する対策としては、是非とも参考にすべき例である。

(6) 視覚障害者の誘導について

視覚障害者の誘導については、全国の駅におけるやさしさ評価の中で最も多く課題が指摘されている事項である。視覚障害者誘導用ブロックについては、多くの駅で分岐部や屈曲部での点状ブロックの敷設方法の不適が指摘されているが、阪急伊丹駅においては、すべての箇所で基準どおり確実に設置されている。また、案内板、エレベーターなどの要所に磁気反応式及び電波反応式音声案内を設置している。音声案内については、いくつかの駅で導入されていたり、実験的試みが行われているものの、実用的に設置された例はまだ少ない。音声案内については、設置方法や提供する情報の内容等について多くの課題があるが、先進的な試みとして高く評価できる。今後、利用者の評価等を踏まえて、より効果的な案内に進化することを期待したい。

(7) 視覚表示(サイン)について

サインについては、ほとんどの駅で一通り必要な情報が提供されているが、実際には見えにくい、内容がわかりづらいなどきめ細かい配慮が忘れられがちである。阪急伊丹駅においても、ホーム上のサイン類は視認しやすく、文字も大きくわかりやすいが、改札外の駅ビル内のサインは、文字が小さく、図色と字色も見分けにくい点が指摘されている。特に、改札からエレベーターが視認できない空間となっているため、初めて訪れた人はサインに頼ることとなるが、エレベーターへの誘導サインがわかりにくいという点が指摘されている。

(8) 付帯設備について

阪急伊丹駅のトイレは、車いす対応便房、手すり付き便器、ベビーシート、ベビーチェアが男女別にそれぞれ設けられ、すべての利用者に配慮したトイレとなっており、駅の規模から考えると、他に例を見ない程、付帯設備が充実している。

車いす対応便房について、計画当時の背景から男女別に設けられることとなったと思われるが、近年の傾向では、高齢者の異性介助利用等の視点から男女共用を基本とする考え方もあり、今後どのように評価していくかが課題である。但し、数の点で考えれば、二つ設けられていることは高く評価できる。

阪急電鉄では、乳幼児対策としていくつかの駅に授乳室が設けられているが、阪急伊丹駅の授乳室は特に広い。利用者も一日あたり十組前後ということであり、高い効果を示していると言える。

聴覚障害者からの要望が高い設備に公衆FAXがあるが、鉄道事業者のみで対応できないことや、実際には利用者が少ないことなどから設置されている駅は少ない。阪急伊丹駅では券売機の隣りのスペースに公衆FAXが設置されている。メール機能のある携帯電話などの普及により今後は必要性は薄れていくと思われるが、設備そのものの有る無しではなく、聴覚障害者の連絡手段の確保という視点の重要性を認識している点が高く評価できる。

## 四　阪急伊丹駅に今後期待すること

鉄道駅のやさしさ評価結果が示すとおり、阪急伊丹駅は現時点で最もバリアフリー化された駅であると言える。また、傾斜路の踊り場の色を変えたこと等が示すように日々進歩している駅である。

交通バリアフリー法の施行により、今後鉄道駅をはじめとする公共交通のバリアフリー化がより一層進むことが予想され、外出をする利用者層の拡大やニーズの多様化、高度化も予想される。阪急伊丹駅においても、計画当時ではあまり重要視されなかった、あるいは気付かれなかった課題も明確化してくる。

例えば、多くの駅でこれまでどちらかと言えば後回しになってきた案内情報については、阪急伊丹駅でも多くの質的課題を抱えており、よりわかりやすく、見やすいものに高度化していく必要がある。また、バリアフリーの対象者について、オストメイトの利用者等内部障害者についての対策もほとんどの駅で実施されておらず、適切な具体策も見えていない状況にあるため、何らかのモデルを示すことが望まれる。

阪急伊丹駅は、時間経過とともに新たな課題に挑戦し続け、地域のすべての人々が快適で円滑に外出できる総合的な移動環境づくりの要としての鉄道駅の役割と姿について示すことを期待したい。

# 第6章 5

## 完成後の事後評価はどうであったか

日建設計環境計画事務所 児玉 健

### 一 先進的な事後評価の試み

阪急伊丹駅は平成十年十一月二十一日に供用が開始され、駅前広場は平成十二年十一月に完成、伊丹市の復興のシンボルとして再び利用されることになった。復興に至るまで、市民、障害者団体、高齢者団体、行政、事業者が一つになって検討が進められた阪急伊丹駅を、完成後もその使いやすさを多くの人に評価してもらう目的で、約一三〇名のアンケートによる「事後評価」を実施した。

このように供用後に施設の事後評価を実施し、今後の類似の計画に反映させる試みは全国的にも先進的なことであり、今後の公共空間整備を進める上での参考になるものと考えられる。

### 二 アンケートによる事後評価の実施

(1) 実施時期および対象者

アンケートの実施時期は、阪急伊丹駅の供用開始後一年余を経過した平成十二年一月から二月にかけて、対象者は、阪急伊丹駅アメニティターミナル整備検討委員会のメンバー、高齢者団体代表、障害者団体会員のうち協力をえられた九十八名を対象とした。また、多方面からの意見を収集するため、これより先平成十一年七月に、「福祉のまちづくり研究会」の見学会に参加したメンバー三十名に対しても同じ内容のアンケートを実施している。合計アンケート配布数一五九、回収数一二八、回収率は八〇・五パーセントであった。

(2) アンケート項目の設定

アンケート項目は、伊丹駅内の施設のうち障害者・高齢者に配慮した施設（アメニティ施設）を対象に、利用の頻度、利用時の快適さ、問題点の有無、問題点の内容などである。対象とした施設は、駅ビル全体について聞いたほか、北側エレベーター、三階までのエスカレーター、プラットホーム手前のスロープ、自動改札、音声触知図案内板、入線・出発案内表示、改札内トイレ、屋上駐車場の障害者スペース他計十九施設である。なお、音声ガイドシステム、点字案内板については視覚障害者のみを対象に実施した。

## 三 事後評価の結果

### (1) 駅ビル全体の評価

① 快適で移動しやすい駅ビル

アンケート対象者のうち駅ビルを利用した際の全体的な印象は、「また使ってみたい」が約六十五パーセントを占めており、多くの人が駅ビルに対して好印象を持っていることがわかった（図6—2）。

駅ビル内の移動については、「非常に快適」と答えた人は約二十四パーセント、「比較的快適」が約四十三パーセントであり、快適であると感じている人は、約六十七パーセントを占めるという高い値となっている。これは、ビル計画の当初から、わかりやすい動線を主体にプランが作成された結果、わかりやすく、快適な移動空間が実現されたことを裏付ける結果になっていると思われる（図6―3）。

また、自分の行きたいところのわかりやすさについては、約四十八パーセントの人が「すぐにわかる」と答えている。また、約三十五パーセントの人が「しばらく時間がかかる」、約七パーセントの人が「わかりにくい」と答えており、多くの人が目的地までの行き方を時間をかけずに認識できていると考えられる（図6―4）。

図6－2　利用時の感想
サンプル数＝128

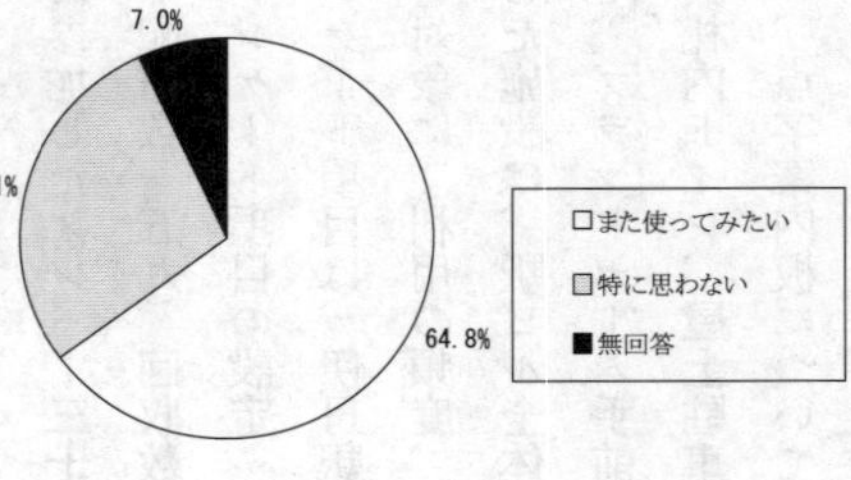


図6－3　1階入り口から3階プラットホームまでの移動のしやすさ
サンプル数＝128

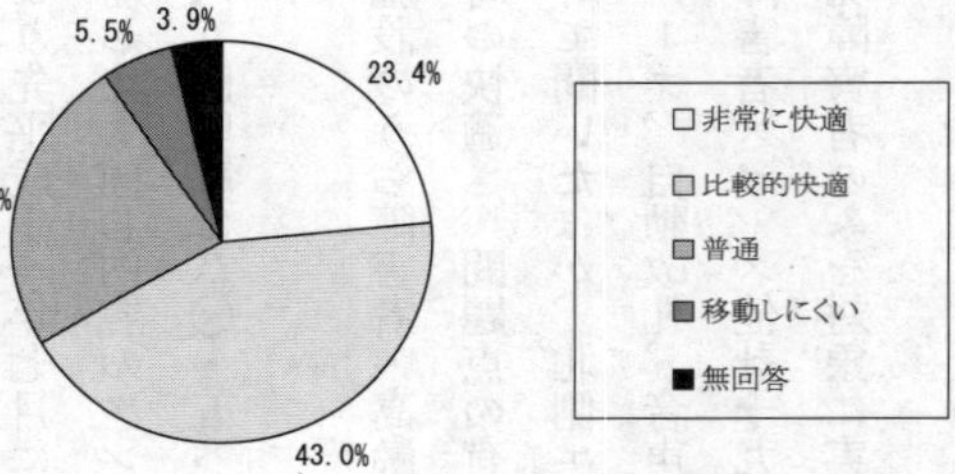


図6－4　自分の行きたいところのわかりやすさ
サンプル数＝128

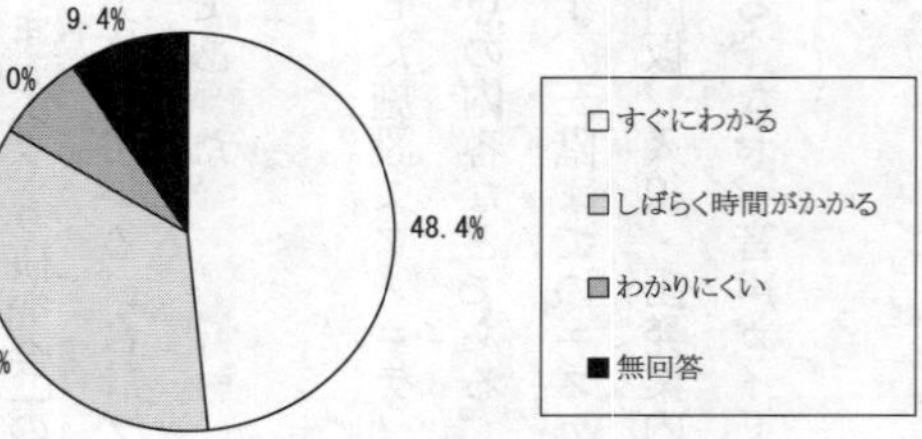

② 案内表示

ビル内の案内表示については、「わかりやすい」が約三十一パーセント、「文字が小さい」が約三十五パーセント、「色が識別しにくい」が約十六パーセントとなっている（複数回答）。この回答からみると駅ビル内の案内表示に対しては、識別しにくいと感じている人が約半数いることがわかる（図6―5）。

これは、駅ビル内の移動に対して使いやすい反面、案内表示については、課題を残している結果となっている。

図6－5　案内表示の明確度（2つまで回答）
サンプル数＝128

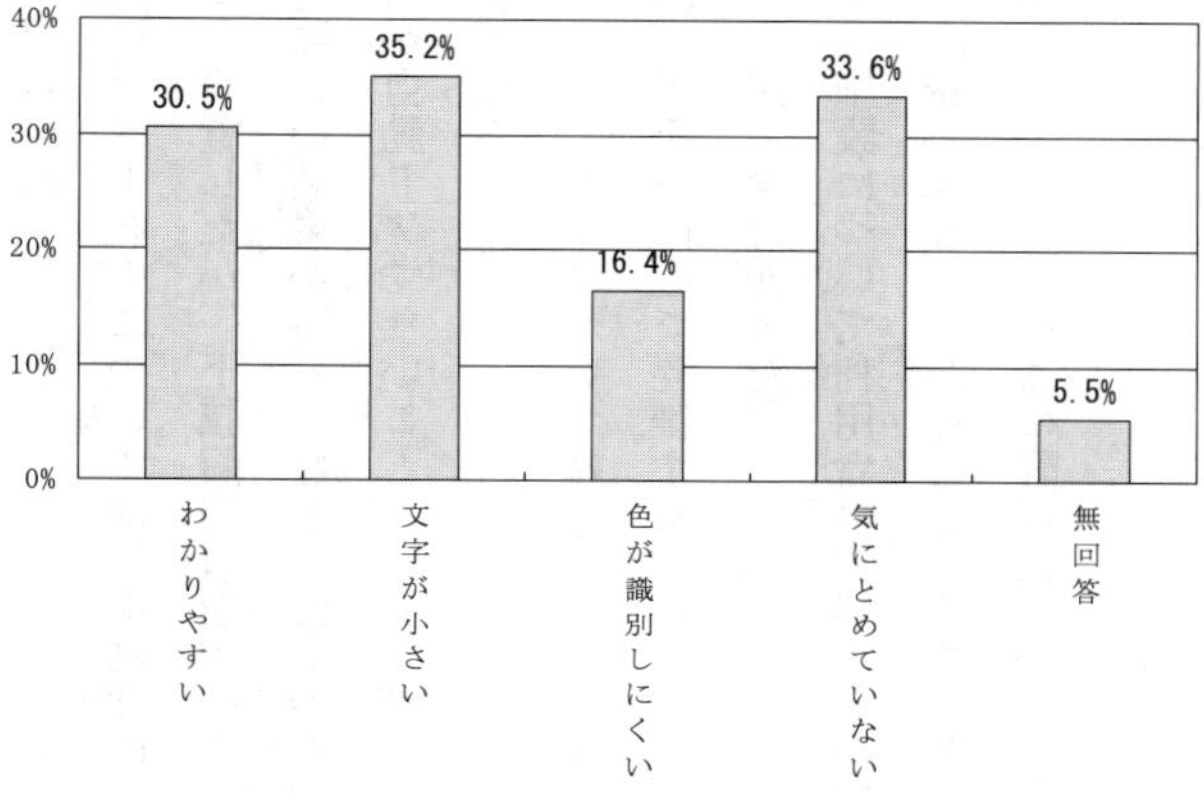


(2) 個々の施設別の評価

次に、アメニティ施設として整備された種々の施設評価結果については以下の通りであった。

相対的にいい評価結果を得たものが、入線・出発案内、改札内トイレ、案内放送、北側エレベーター等であり、反対に評価が低かったものが、エスカレーター、屋上駐車場、スロープ等であった。

入線・出発案内はこれまでの音声だけの案内に加え、聴覚障害者等に文字による情報伝達を実施したものであるが、聴覚障害者はもとより他の障害者や健常者にも「わかりやすい」との評価が得られた。

北側エレベーターについては、主動線になるべく近い位置に、十五人乗り、二十一人乗りの二基を設置したが、下肢障害者を中心に全体にまずまずの評価が得られた。

反対にいい結果が得られなかったものの中で、屋上駐車場の障害者スペースについては、出入口が自動ドアでないことに加え、健常者が占領して使用できない等運用上の問題を挙げる回答が見られた。

エスカレーターについては主動線上に上下両方向を設置したが、改札口に向かう動線上に柱があってその付近で混雑する、もう少し幅が欲しい等の指摘が見られ、全体に高い評価を得ることができなかった。

個々の施設について利用者の立場から指摘されたものの中には、計画時に気が付かなかった点、考慮できなかった点なども含まれており、今後、施設計画を進める上で価値のある事後評価となっている。この詳細については資料・別紙3―1および別紙3―2に掲載する。

# 第７章

## 地元の声から

第7章 1

# 阪急伊丹駅アメニティターミナル竣工のお祝いと感想

伊丹市老人クラブ連合会　会長　小川　勁二

関係各位のご尽力とご協力とにより阪急伊丹駅が平成十年十一月二十日に竣工、二十一日オープン、阪急伊丹駅周辺整備事業が平成十二年十一月二十一日に完成竣工、二十二日にオープンされ、竣工式にはご招待をいただき、心から竣工をお慶び申し上げます。私は前任者の後任として、平成九年六月二十六日に阪急伊丹駅アメニティターミナル整備検討委員会委員、及び阪急伊丹駅内外歩行者快適化検討委員会委員の委嘱を受けました。私は職務の都合で委員会の会合にも、十分にご期待に添えず恐縮に存じております。

従来の阪急伊丹駅、及びその周辺の施設は伊丹市の住民にとって利用度の悪い施設でありましたが、たまたま、平成七年一月十七日発生の阪神・淡路大震災により阪急伊丹駅及びその周辺の施設が壊滅し、その機能が低下してしまいました。

平成八年四月十五日に阪急伊丹駅アメニティターミナル整備検討委員会が設立され、これを機に、心豊かな福祉の街、伊丹市の人、物の流れの中心となる阪急伊丹駅及びその周辺施設の復興へと前進する事になり、約二年七ヶ月を要して、新しい阪急伊丹駅ビル、その後、約二ヶ年を経て、其の周辺施設（バス発着所等）が竣工、稼働するようになりましたことは伊丹市民の皆さんと共にご同慶に堪えません。

しかしながら、周辺住宅街には、往時（平成七年一月十七日）を偲ばせる雑草の生えた更地が未だ点在しており、完成施設の利用者にも当時の情景を脳裏に描きながらのバリアフリー度はそれぞれに違いはありましょう。

## 新しい阪急伊丹駅及び同駅前周辺施設のバリアフリー度についての感想

### (1) 阪急伊丹駅のバリアフリー度についての感想

交通エコロジー・モビリティ財団より平成十二年一月十七日、高齢者五十名に対し施設評価のアンケート回答方のご依頼がありましたので、阪急伊丹駅周辺に居住する、老人クラブ役員の男性二十五名、女性二十五名に回答書を郵送するよう、依頼致しましたところ、殆どが、アンケートに回答していただきました。回答者の約三十八・八パーセントが老人クラブ会員で占めておられると思います。

なお、阪急伊丹駅ビルの竣工祝いに、私の感想を述べさせていただきます。

① 私の場合、駅ビル利用度は少ない方ですが、電車、買い物の利用には以前より遙かに便利です。なお、今の所、直接用件を足しているので、駅ビル内の案内表示等は気にも止めておりませんが、不自由も感じておりません。

② 旧駅時代から望まれていたエスカレーターは新駅ビルに相応しい上り、下りの二本立てで優しく向い合って稼働しています。また、エレベーターも中のスペースが広く、高齢者、障害者にとりましては、大変利用し易く他の駅では味わえない施設です。

③ プラットホームへのスロープは階段よりは利用し易いのですが、スロープも雨天の際

は高齢者には少し足元がおぼつかないように思えます。

④ 幅広い改札口は物を持った人も高齢者、障害者の移動も楽で、快適と言えましょう。

⑤ 階段も旧駅時代より高さ及び奥行きとも整っており、歩き易くなりました。

⑦ ＦＡＸ付き電話が設置されているのは大変便利ですが、ＦＡＸ利用の場合に改札詰め所との連絡が取り易くなれば、なお良いと思います。電波料金も音声通話料金に近い値段でありますと、利用度も増加致すのではないでしょうか。

⑧ トイレは南側の各階にありますが、北側にもあったら良いと思いました。三階南側の改札内にトイレがありますが、駅員に断ってから利用するのも気が引けますので、自由に利用出来るような案内表示があっても良いと思いました。

⑨ 新しく竣工した阪急伊丹駅ビルは、旧駅より人に優しく企画設計され、それに加え無料駐輪場があり、ちょっとした買い物の利用には快適さを感じさせます。

⑩ 阪急伊丹駅の駐輪場は利用度も高いようであり、特に無料駐輪場の係員が気を使って駐輪場の回転率を上手にこなしておられる。なお、自転車を上段置き場へ格納しようと苦労されておられる利用者へお手伝いをしておられる係員の行為は、見ていても、心の和む思いが致します。いつまでも続けて欲しいものと願っております。

**(2) 新しい阪急伊丹駅前周辺施設のバリアフリー度についての感想**

① 新しい阪急伊丹駅ビルからは、バス、タクシー乗り場への見透しが良く効き、目的乗り場へ直行が出来、非常に快適であります。

② 同駅ビルからバス、タクシー乗り場へは、雨にも濡れずに快適な移動が出来ます。

③ バス、タクシー乗り場の高さと乗り物の足踏み場の高さとに差が無いことが、乗車に

快適感を与えてくれます。

**(3) 本委員会の構成に高齢者、障害者を委員に委嘱されたことについての感想**

① 高齢者、障害者が阪急伊丹駅検討委員に委嘱されたことは確かに「良かった」と思いました。もし高齢者、障害者が参画していなければ、人に優しい阪急伊丹駅とまで言われなかったかも知れません。

② 参画された高齢者、障害者の委員が機会を利用して委員会の現状を関係団体へＰＲしたことも良かったと思います。

③ 当初、バス乗り場は青空駐車場の企画でありましたが、立派な屋根付きバス乗り場となり、整備完成された周辺施設と新装阪急伊丹駅ビルとの調和に伊丹市民は快適な好感を抱かれたことと思っております。

④ バス乗り場の高さも高齢者、障害者を配慮され、統一整備していただき、乗り降りも快適となっております。

**(4) 最後になりましたが、事故も無く福祉の阪急伊丹駅ビル及び周辺施設を立派に竣工された関係各位のご労苦に対し心から敬意を表し、併せて感謝のお礼を申し上げます。**

第7章　2

# 待望のバリアフリー駅ができました

伊丹市視力障害者協会　副会長兼婦人部長　大田　美代子

## 盲人世帯を襲った阪神・淡路大震災

平成七年一月十七日午前五時四十六分。あの忌わしい阪神・淡路大震災でした。忘れようとして忘れることのできないあの一瞬。尊い人命六、四〇〇〇人余りが犠牲になり、また長年かかって築き上げた財産をも奪い去るような大惨事でした。

私達夫婦は盲人世帯のため、お互いの安否を気遣いつつ主人の実家に電話するが不通で掛からず、自宅の電話が故障かもしれないと思い、公衆電話に走りましたが何回かけても通じず、振り返って見ると人の列ができていました。誰かが「阪急伊丹駅が倒壊している」と大声で叫んでいます。びっくりしたが信じられませんでした。

## アメニティターミナル委員会への参加と実地体験

その後阪急伊丹駅が再建の運びとなり、障害者団体から三人の代表者が選ばれ、委員会が何回も開催されました。

私は視力障害者協会の一人として毎回傍聴させていただき、昔と違ってそれぞれの当事者団体の人が意見をのべられるようになり、大きく開かれた会議室風景に驚きました。伊丹市視力障害者協会も役員会を開いた結果、勉強会としてFMラジオによる誘導施設や磁気誘導施設の見学もしました。またネオジシートとセンサーによる音声誘導装置の仮設による実体験も行いました。

また、アメニティターミナル委員会委員の加藤さんと玉木視力協会長が市の職員の方と三人で東京、横浜方面に出向き、いろいろな誘導装置を調べてきました。

そして、視力協会として、音声誘導システム及び音声触知図案内盤、ホームからの転落防止柵の設置、また弱視者の方が見やすいように点字ブロックは全国統一の黄色を使用するよう申し入れました。

## 実現した音声による誘導装置

完成した駅の誘導システムは、センサーを埋設した点字ブロックの上を、先端部分に磁気シールを巻きつけた白杖をつきながら歩くと、センサーが受信アンテナに反応して音声で誘導してくれます。また白杖がなくても、小型発信機があれば、そのボタンを押すと受信アンテナに反応して白杖とおなじように音声で誘導してくれます。この小型発信機は受信アンテナから半径十五メートルほどの範囲で反応し、自分の現在位置を知ることもできます。もともとこの小型発信機は一般の道路の交通弱者用信号機の発信機として開発されたものですが、それがこの駅でも使用できるようになっています。

視力障害者にとって白杖や小型発信機は必需品であり外出時は手離すことのない品物ですので、いたるところにセンサー式音声誘導装置を設置していただきたいものです。

音声触知図案内盤には八個のボタンがあって、現在地や駅ビル内の案内を音声でわかりやすく説明してくれます。階段は一階から三階まで幅広く直線になっており、手すりは二段式になっているので大人にも子供にも利用しやすく工夫されていると思います。

阪急電車の車両の連結部にはフェンスがはられており、ホームからの白杖使用者の転落防止に配慮されています。

## 全国レベルでの人にやさしい駅の出現を願う

平成十二年十一月に駅前広場のバスターミナルが完成し、ながなが不便さを我慢してきた私達には嬉しい限りです。雨に濡れることなくタクシーやバスに乗り降りができるし、白杖利用者のためには、駅ビル内と同様の音声触知図案内盤や音声誘導装置が設置されています。よく整備されていて感謝しています。

阪急伊丹駅は福祉モデル駅として障害者の人達やお年寄りの人達から赤ちゃんに至るまで、すべての人に優しい駅です。全国津々浦々まで一日も早く阪急伊丹駅のような駅ができますことを願っています。

# 第7章 3 ハートフルプラザから愛メールの送信

伊丹市社会福祉協議会　前田　昌司

## 福祉駅伊丹のソフトの象徴「ハートフルプラザ」

平成七年一月十七日、阪神・淡路大震災で大被害を受け崩壊した阪急伊丹駅の再建をすべての市民が期待する中、平成十年十一月二十日、高齢者や障害者など誰にでもやさしいターミナルとして新阪急伊丹駅は「再生」の一歩を踏み出しました。

かねてより、阪急伊丹駅に対し地元障害者団体等がエレベーターや障害者用トイレ等の設置を願っていた経緯もあり、今回の駅づくりには、多くの関係者のご尽力によりそれぞれの当事者が整備検討委員として声を反映できる場が設置されました。そういったプロセスこそが画期的であり、今回の特色ある福祉駅に結びついたものと考えています。

その特色の一つとして、同日、再生する意を込めた駅ビル「リータ」の三階に市立情報サービスセンターと市立伊丹阪急駅ビル介護支援センター機能を中心とした「ハートフルプラザ」が設置されましたが、その運営を社会福祉法人伊丹市社会福祉協議会が伊丹市から委託を受け、早二年以上が経過しました。

開設以来、視察も多く、遠くは東京、神奈川、静岡から、また職種も県・市行政職員、大学教授、建築・機械関係者、大学生、障害者団体など、特に、ユニバーサルデザインに関係している方の視察が増えています。バリアフリー化は伊丹駅だけで達成できるものではなく目的地の駅と一体となって初めて達成できるものなので、視察を通じて多くの方が少しでも充実した駅づくりを目指していることに意味を感じています。視察に来られた方には、磁気シールを巻いた白杖で音声ガイドシステムを体験してもらったり、駅構内の福祉的な設備、当プラザの業務、設備などの説明をしています。

当初、伊丹市の顔としての駅、誰にでも優しい駅として送信されたメールを、ハートフルプラザとしてどのように受信したら良いのか戸惑った時期もありましたが、まず大切なことは、〝誰にでも優しい窓口〟であり、明るく、親切な応対を職員一同心がけ、各店舗のお手本となることが、「究極の福祉駅」と呼ばれるのにふさわしいのではないかと、開設以来そのことを守り続けています。

## 情報提供、相談業務、ボランティア啓発を代表とする業務内容

ハートフルプラザは、社会福祉協議会が窓口業務を行う市立情報サービスセンターと伊丹市社会福祉事業団が窓口を担当する市立伊丹阪急駅ビル介護支援センターの二つの機能を持っており、主な業務内容は、①行政情報の提供に関すること　②高齢者及び障害者の相談に関すること　③ボランティア啓発に関することなどです。

行政情報については、市の業務内容、公共施設、催物、観光その他、行政サービスの情報を、パンフレットや誰にでも使いやすいタッチパネルで提供しています。

相談業務については、毎週火曜日に市のケースワーカーによる「障害者相談」を、また毎週月・火・金曜の三日間に民生児童委員によるふれ愛福祉相談（心配ごとの相談）を開設し

ているほか、常設的に高齢者相談、ボランティア相談など各種の相談に応じています。

また、介護の関係で、身近に介護の相談ができる援助者がいない方や、高齢者としての対象年齢に届かず、障害者のサービスも受けられず悩んでいる方々についても、窓口を共にする社会福祉事業団と連携を図り、より良い方向へ目をむけていただくよう、相談・助言を行っています。

さらに、駅ビル介護支援センター機能としては、高齢者の一般相談や、平成十二年四月に導入された介護保険制度化における居宅介護支援事業所として、社会福祉事業団が、介護保険の相談、申請受理、マネージメントを行っています。全体像として順調に進んでいる介護保険も、最近は、苦情的な相談も増えている傾向にありますが、そうしたことからも誰でも立ち寄りやすい立地環境から気軽に介護や福祉用具などの相談も行える場として利用されているといえます。

ボランティア関係としては、社会福祉協議会（ボランティア活動センター）の出先としての窓口業務をはじめ、ボランティアに関する情報提供、登録、派遣のコーディネイト業務、ボランティア保険の加入手続き等を行っています。

また、当プラザでは、毎週火曜・木曜の昼間と夜間に、伊丹市聴力障害者協会の協力のもと、「ミニ手話講座」を開催しています。定員四人の文字通りミニ講座ですが、室内はいつも熱気にあふれています。最近、手話を勉強したいという人が多く、少しでもタイムリーに受講していただくため、年間通じて開設しています。

また、夏休み期間中には、障害を持つ児童に遊んでもらうための布のおもちゃを企画、製作しているボランティアグループの協力により、「親子でつくる布のおもちゃ教室」を小学生の親子を対象に実施しています。比較的参加してもらいやすいこういった「ミニ講座」を今後も増やしていきたいと考えています。

さらに、駅前の利便性を活かし、若い世代のボランティア活動を促進するため、部屋の掲示板等を利用しどこを見てもボランティアの文字が目に飛び込んでくるようにPRしています。

## 障害者等の利用に配慮した諸設備

設備面としては、聴覚に障害を持つ方を対象に、市の手話通訳士とコミュニケーションがとれるテレビ電話、弱視の方を対象にした拡大読書機、接続の早さを体験できるケーブルテレビインターネットなど各種機器を常設しています。また、駅広場の案内板とリータ三階改札付近の案内板とにインターホンが設置されており、当プラザとつながっています。これは、ターミナルにおいて高齢者や障害者が困った時にわざわざプラザまで足を運ばなくてもすむように設置したものですが、利用方法等についてはまだいくつかの課題を残しているといえます。

このほかでは、ガラスショーウィンドウを活用して、行政サービスや地域における各種活動の紹介、福祉施設やボランティア団体の作品展示、行事や活動写真による啓発等幅広い活用が行われ、市民へのアピールとして効果を発揮しています。

日々、仕事帰りの勤労者や学校帰りの学生、買い物ついでの方など、いろいろな方がいろいろな目的でハートフルプラザに来られますが、業務はもちろんのこと、業務以外のことであってもその人にとって、ほしい情報を出来るだけ提供し、誰もが気軽に立ち寄れる、新しい自分を見つけるお手伝いが出来るそんな場所でありたいと思っています。

## ハートフルプラザによせられた声

ハートフルプラザの打ち合わせコーナーには、″なんでもノート″が置かれていますが、この中から少し利用者の声を紹介させて頂きます。

・現在東京で暮らしている者ですがあの震災の折り、ニュースで伊丹駅が倒壊したのを見て本当に悲しかった。なにせ私は、タミータウンが出来たときここに居たのですから。私にとってタミータウンは伊丹の象徴のようなものですから。新生伊丹駅も綺麗で、駅ビル内にも授乳室、ファクシミリ・コピー室があったり、このような市案内所があるのも。券売機に点字の大きなボードがあったりいろんな人にやさしく、また、便利の良いビルです。非常に感動しました。たこやきもあちこちで売っていて、懐かしいなあ。いつかまた伊丹で住んでみたいなあ。これからの伊丹市の発展を心よりお祈り申し上げます。(元伊丹市民)

・駅全体明るくていろんなところが優しくなっていてうれしいけど、ドアが手で押さないと開かないところがあったり、障害者トイレが各階にあったらもっとよかったのになあ。(車いす使用者)

・障害者のことをいろいろ勉強して、障害者にやさしくしたい。(小学生)

・職場の仲間で来ました。空間が広くて心地よく車いすの方もきっと利用しやすいと思います。ただ気になったのがトイレのマークが小さく、お年寄り、知的障害者にはわかりにくい気がします。(M市役所職員)

・私は結構よくハートフルプラザに来ています。インターネットをするためです。悪いなあと思いつつも、つい無料で出来るので来てしまいます。でもここの人達はこんな私でも毎回気持ちの良い接し方をしてくれるのでよけい何やら罪悪感にさいなまれてしまうのです。

Ａｎｓ．

どんどん利用して下さい。空いた時間があったら、またボランティアもどうですか？

・ボランティアをしたくて来ました。係りの人に言いたいのですが、かなりドキドキで緊張しています。病弱な私でも出来るんでしょうか。頑張って声をかけてみようと思います。

Ａｎｓ．

そんな時にこちらから声が掛けれてよかったです。ボランティア登録有難うございました。

## 「究極の福祉駅」実現のためのアンテナショップとして

平成十二年末には、関係者のご協力で初めて車いす使用者への避難誘導を含めた消防訓練も実施されました。事前には車いす介助の実地研修も行うなどして、福祉的意識も変化してきたように思われます。

このように業務等を通じ、福祉駅阪急伊丹駅ビル内にハートフルプラザがあることで、各店舗の従業員や買い物される方々に対するアンテナショップとして、人にやさしい駅ビルの実現に向けての役割を今後も担っていかなければならないと考えています。

福祉駅としての最終の目的はソフト面の充実にあり、駅ビル内の店舗にたとえ段差があっても、たとえ店が狭くても、ビル内で働く我々職員一人ひとりが心に段差を持たず、どれだけ人を温かく迎えることができるかによって実現していくものであると思います。

この駅ビルが「究極の福祉駅」としてハード面とともに、ソフト面においても全国に誇れるよう、ここハートフルプラザから愛のメールを送信していきたいと思っています。

# 資　料

## アンケートの概要

# 〈阪急伊丹駅復興にかかるアンケート等〉

## 1．伊丹市身体障害者福祉連合会

### (1) 伊丹市宛要望書

（別紙１－１）

平成 7 年 10 月 2 日

阪急伊丹新駅への要望事項

伊丹市身体障害者福祉連合会
会 長 松 浦 重 春

駅舎全体に対する要望事項

1, 老人や下肢障害の人、杖使用の人達の転倒防止のため、滑りにくい床材を選択する。（ホーム、トイレなどを含む）
2, 手摺りは通路の両側に設置。
3, 手摺りには、現在位置と行先案内の点字表示をする。
4, 手摺りなどの角は丸くする。
5, 手摺りの高さは子供の使用にも配慮したもの。（二段にするなど）
6, 点字による駅舎全体の案内図の設置。
7, 適所にアプローチ経路（案内板）を明示し、フラッシュライトも併設する。（乗降場、トイレ、避難口にも）
8, 電車の接近、入線、行先などの明瞭な放送と、伝達ビデオ設置。（手話、文字つき）
9, 誘導ブロックの敷設は、柱、障害物などから５０cm以上離す。
10, 誘導ブロックの色は、黄色が良い。蛍光灯に一番よく反射する。
11, ブロックは通路だけでなく、ホームを含む全構内。トイレは便器までつける。
12, ブロックは、誘導部分は線ブロックに。曲がり角、分岐点、到達点、警告地は、点ブロックに統一する。
13, 駅舎へ来る人や電車を降りた人に、入口や出口を知らせるための盲導鈴設置。
14, 階段の上り口と最上段にも盲導鈴設置。
15, 券売機にも盲導鈴を設置。
16, 車椅子使用可能個所には国際シンボルマーク（車いす）を表示する。
17, ドアーはすべて自動開閉にする。
18, 適所に、駅務室などに通ずる非常釦の設置。
19, 停電時、災害時用に自家発電設備の設置。
20, 停電時、災害時用に平面移動で避難できるスロープなどの設置と、その表示。
21, 停電時、災害時用の弱者優先救助のマニュアル作成。
22, 災害時にも対応できるような公衆電話の設置。

券売機について。

23,　せめて一台は車椅子者も使用できるように、低位置に設置。

24,　上肢障害者、杖使用者用に手摺りのある券売機も設ける。

25,　券売機の側に点字の運賃表を設置する。

26,　券売機を使えない人用に、窓口券売も行う。

27,　トーキングエイド（音声感知）式券売機の設置。

窓口について。

28,　窓口の前のカウンターに点字で窓口名を表示する。

29,　窓口には手話通訳を置く。

改札口について。

30,　せめて一台は電動車椅子も通れる幅にする。なお、それは案内などの問い合わせのため駅務室側が好ましい。

昇降機の設備について。

31,　エレベーターとエスカレーターを設置する。

32,　エレベーターの内部に音声案内装置を付ける。（現在階などの案内）

33,　エスカレーターは車椅子対応型にする。

階段及びホームについて。

34,　階段の蹴り上げ高さは１５cm程度、踏み面の奥行きは３０cm程度とする。

35,　ホームの危険個所には柵を設ける。

36,　ホーム高さは車両の床面と同高とする。

37,　ホームと車両の間隙は最小に留める。

排水溝について。

38,　車椅子のキャスターが落ちないように、溝には蓋をする。

39,　蓋には穴を開けない。穴が必要な個所では危険のない小さな穴にする。

トイレについて。

40,　車椅子用は、洋式とし、中で回転できるスペースをもたせ、中からの施錠と、外に使用中の表示が出るようにする。（扉は自動ドアーに）

41,　ウォシュレット便座の場合は、機種に配慮。（移動のとき手を置く所が必要）

42,　駅務室などへ通じる非常ボタンを設置する。

43,　男子小用の便器は、視力者用にストール型にするか、手摺りを付ける。

44,　おむつ交換のできるシートを設ける。

## 洗面所と水飲み場について。

45, 蛇口の高さは、車椅子者、子供用に低位置のものも設置する。

46, 鏡の高さについても、上項同様。

47, 蛇口は自動式のもの。（ねじ式でないもの）

## 公衆電話について。

48, 車椅子対応型の低位置のものも設け、プッシュ釦は大きいものが良い。（手先の不自由者用）

49, 手ぶらで電話できるスピーカーホンつきの物も一台。

50, 公衆ファクスの設置。

## 操作盤について

51, エレベーター等の操作釦は平板式でなく凸ボタン式に。（視力障害者用）

## 待合室について

52, 構内放送と同じ内容の文字スーパーを繰返し流す。（聴力障害者用）

53, 授乳室を設ける。

## 付帯設備他

54, 駅舎近くに屋根付きの車椅子専用の駐車場の設置。

55, リフト付きバス及び超低床化バスの運行。

56, 電車内に電光表示による車内案内板の導入。

以　上

(2) アンケート用紙１

〈別紙１－２〉

平成７年10月30日

「アンケート調査」に、ご協力をお願いします。
（11月20日ごろまでにご返送をお願いします）

伊丹市身体障害者福祉連合会

1，年齢（あてはまるところを○で囲んで下さい）

① 0～9才、　② 10～19才、　③ 20～29才、　④ 30～39才、
⑤ 40～49才、　⑥ 50～59才、　⑦ 60～才

2，性別（○で囲んで下さい）　① 男、　② 女、

3，あなたの障害名（重い方、または近い障害）を一つ、○で囲んで下さい。

① 上肢　② 下肢　③ 体幹　④ 内部　⑤ 視力　⑥ 聴力　⑦ 言語

4，あなたの障害等級を○で囲んで下さい。

1級、　2級、　3級、　4級、　5級、　6級、

5，あなたの日常状況は次のどれですか（あてはまるところに○をして下さい）

① 就学前、　② 就学中、　③ 就労している。　④ 自営またはその手伝い

⑤ 在宅。　⑥ その他（　　　　）

6，阪急伊丹駅の利用状況に（震災前の状況おで答え下さい）○をして下さい。

① さほど不便を感じずに利用していた。

② 不便なところもあるが、我慢して利用していた。

③ どうしても必要な時だけ使っていたが、改善具合によってはもっと利用したい。

④ ほとんど、または全く利用していないが、改善具合によっては利用したい。

⑤ 改善されても利用しない

## 阪急伊丹駅再建に関する要望事項に関するアンケート

連合会が提出した要望内容も知っていただくために、要望文書をほとんどそのまま利用しましたので、アンケート向けの設問になっていないところもあり、恐縮ですがよろしくご解釈のほどをお願い致します。

アンケートの記入の仕方について。

1， ご家族で話し合って決めていただくのも良いと思います。

2， 次の枠（□）の中に、あなたが、もっとも重要だと思うものすべすべてに ◎ をいれて下さい。

3， その次に大切だと思うものすべてに ○ をいれて下さい。

4， 設問の意味がわからないものには △ をして下さい。

5， あとは、無印で結構です。三番目に大切なものとみなします。

## 駅舎全体に対する希望事項

―以下省略―

⑶　アンケート用紙２

〈別紙１－３〉

平成７年10月30日

阪急伊丹駅に関する要望（提案）事項

（11月30日ごろまでにお願いします）

伊丹市身体障害者福祉連合会　　御　中

住所

氏名

電話

（文意をお尋ねしたいときのため、よろしければ上記も記入願います）

注、　要望（提案）につきましては

１，　アンケート用紙にある要望ずみ事項以外のこと。

２，　障害者としての要望事項はもちろんですが、駅はみんなの駅ですから、高齢者や妊婦の方、幼児連れの方、通勤者ほか、すべての利用者を対象にした事項についても、お気付きの要望事項がありましたらお書き下さい。

３，　世間へのモデル駅になるはずですから、時代の先取りをしたような斬新な機器や、新設備の提案なども大変役立つと思いますので、是非お寄せ下さい。

| No. | 要　望　事　項 |
|---|---|
| | |
| | |
| | |
| | |
| | |
| | |
| | |
| | |
| | |
| | |
| | |
| | |
| | |
| | |
| | |
| | |

(4) アンケート結果1

〈別紙1－4〉

平成 7 年 12 月 15 日

# アンケート調査集計表

(阪急伊丹新駅への要望に関するアンケート)

伊丹市身体障害者福祉連合会
会 長 松 浦 重 春

Ⅰ. アンケートの内容

その1 会員の年齢、性別、障害状況その他。

その2 阪急伊丹新駅への要望事項に関するニーズ調査

Ⅱ. アンケート調査期間 平成7年10月30日 ～ 11月30日

Ⅲ. アンケート用紙の発送件数 1936通

Ⅳ. 回収数及び回収率 852 通 44.0 %

1. 回答者の年齢別人員数

| ① 1～9才 | ② 10~19才 | ③ 20~29才 | ④ 30~39才 | ⑤ 40~49才 | ⑥ 50~59才 | ⑦ 60～ 才 | 無回答 | 合 計 |
|---|---|---|---|---|---|---|---|---|
| 9 名 ( 1.1 %) | 25 名 (2.9 %) | 17 名 (2.0 %) | 42 名 (4.9 %) | 90 名 (10.6 %) | 181 名 (21.2 %) | 464 名 (54.5 %) | 24 名 (2.8 %) | 852 名 ( 100 %) |

2. 性別人員数

| ① 男 性 | ② 女 性 | 無 回 答 | 合 計 |
|---|---|---|---|
| 425 名 49.9 % | 382 名 44.8 % | 45 名 5.3 % | 852 名 100 % |

3. 障害別人員数

| ① 上 肢 | ② 下 肢 | ③ 体 幹 | ④ 内 部 | ⑤ 視 力 | ⑥ 聴 力 | ⑦ 言 語 | 無回答 | 合 計 |
|---|---|---|---|---|---|---|---|---|
| 111 名 (13.0 %) | 329 名 (38.6 %) | 79 名 ( 9.3 %) | 168 名 (19.7 %) | 68 名 ( 8.0 %) | 73 名 ( 8.6 %) | 14 名 ( 1.6 %) | 10 名 (1.2 %) | 852 名 ( 100 %) |

4．障害等級別人員数

| ①<br>1 級 | ②<br>2 級 | ③<br>3 級 | ④<br>4 級 | ⑤<br>5 級 | ⑥<br>6 級 | 無回答 | 合 計 |
|---|---|---|---|---|---|---|---|
| 223 名<br>(26,2 %) | 151 名<br>(17.7 %) | 154 名<br>(18.1 %) | 207 名<br>(24.3 %) | 75 名<br>( 8.8 %) | 40 名<br>( 4.7 %) | 2 名<br>( 0.2 %) | 852 名<br>( 100 %) |

5．日常の生活状況別人員数

| ①<br>就学前 | ②<br>就学中 | ③<br>就労中 | ④<br>自営等 | ⑤<br>在 宅 | ⑥<br>その他 | 無回答 | 合 計 |
|---|---|---|---|---|---|---|---|
| 2 名<br>( 0.2 %) | 31 名<br>( 3.6 %) | 145 名<br>(17.0 %) | 69 名<br>( 8.1 %) | 529 名<br>(62.1 %) | 72 名<br>( 8.5 %) | 4 名<br>( 0.5 %) | 852 名<br>( 100 %) |

6．阪急伊丹駅（震災前）の利用状況

| 設 問 項 目 | | 回 答 数 | |
|---|---|---|---|
| ① | さほど不便を感じずに利用していた。 | 197 名 | 23.1 % |
| ② | 不便なところもあるが我慢して利用していた。 | 277 名 | 32.5 % |
| ③ | どうしても必要なときだけ使っていたが改善具合によってはもっと利用したい。 | 145 名 | 17.0 % |
| ④ | ほとんど、または全く利用していないが改善具合によっては利用したい。 | 163 名 | 19.2 % |
| ⑤ | 改善されても利用しない。 | 57 名 | 6.7 % |
| | 無 回 答 | 13 名 | 1.5 % |
| 合 計 | | 852 名 | 100 % |

(5) アンケート結果2

〈別紙1－5〉

## 阪急伊丹新駅へのアンケート集計表

表中の ◎ は一番重要、○ は二番目に重要、●は三番目に重要と思うもの。

◎の数字の多い順に並べたもの

| No. | アンケートの設問項目 | ◎ | ○ | ● | 無回答 |
|---|---|---|---|---|---|
| 1 | 老人、下肢障害、杖使用者のため滑らぬ床材選択 | 481 | 225 | 124 | 22 |
| 31 | エレベーターとエスカレーターを設置する。 | 393 | 303 | 128 | 28 |
| 2 | 手摺りは通路の両側に設置。 | 358 | 316 | 154 | 24 |
| 40 | 車椅子トイレは広く中から施錠と使用中の表示を | 353 | 322 | 154 | 23 |
| 36 | ホームの高さは、車両の床面と同じ高さにする。 | 289 | 347 | 187 | 29 |
| 17 | ドアーはすべて自動ドアーにする。 | 287 | 357 | 185 | 32 |
| 23 | 公衆電話せめて一台は車椅子用に低位置に設置。 | 284 | 329 | 216 | 33 |
| 37 | ホームと車両の間隙は最小に留める。 | 284 | 364 | 176 | 28 |
| 19 | 停電時、災害時用に自家発電設備の設置。 | 274 | 311 | 242 | 25 |
| 38 | 排水溝などには蓋をする。 | 247 | 316 | 265 | 24 |
| 30 | 改札口は車椅子の通れるものを一台、駅務室側に | 243 | 325 | 254 | 30 |
| 22 | 災害時にも対応できるような公衆電話の設置。 | 225 | 337 | 268 | 22 |
| 48 | 公衆電話は低位置で、釦は大きいものも必要。 | 222 | 322 | 285 | 23 |
| 20 | 停電時、災害時用に避難用のスロープの設置。 | 219 | 297 | 309 | 27 |
| 33 | エスカレーターは車椅子対応型にする。 | 204 | 299 | 312 | 37 |
| 35 | ホームの危険個所には柵を設ける。 | 203 | 302 | 318 | 29 |
| 47 | 水飲み蛇口はねじ式でないもの。 | 201 | 384 | 232 | 35 |
| 4 | 手摺りなどの角は丸くする。 | 194 | 395 | 231 | 32 |
| 21 | 停電時、災害時の弱者優先救助マニュアル作成。 | 182 | 298 | 339 | 33 |
| 26 | 券売機の使えない人用に、窓口券売も行う。 | 182 | 361 | 277 | 32 |
| 8 | 電車の接近、行先などの明瞭放送とビデオ設置。 | 178 | 324 | 309 | 41 |
| 16 | 車椅子使用可能個所には国際シンボルマーク表示 | 174 | 321 | 321 | 36 |
| 45 | 水飲み蛇口は車椅子、子供用に低位置のものも。 | 173 | 378 | 273 | 28 |
| 42 | トイレにも駅務室などへ通じる非常釦を設置。 | 171 | 340 | 318 | 23 |
| 34 | 階段の蹴り上げ高さは15cm、奥行きは30cmに | 159 | 284 | 358 | 51 |
| 32 | エレベーターの内部に音声案内装置を設置する。 | 154 | 275 | 379 | 44 |
| 51 | エレベーター等の操作釦は平板でなく、凸釦に。 | 149 | 294 | 376 | 33 |
| 7 | 適所に案内板の設置しフラッシュライトを当てる | 148 | 329 | 333 | 42 |
| 55 | リフト付きバス及び超低床バスの運行を。 | 146 | 258 | 412 | 37 |
| 52 | 構内放送と同内容の文字スーパーを繰返し流す。 | 139 | 287 | 396 | 30 |
| 5 | 手摺りの高さは子供などのため二段にする。 | 139 | 327 | 340 | 46 |
| 39 | 蓋に穴が必要な場合は、危険のない小さな穴に。 | 136 | 324 | 355 | 37 |
| 24 | 券売機は上肢、杖使用者用に手摺りの有るものも | 135 | 333 | 350 | 34 |
| 54 | 駅近くに屋根付きの車椅子専用駐車場を設ける。 | 132 | 263 | 419 | 38 |
| 6 | 点字による駅舎全体の案内図の設置。 | 131 | 244 | 431 | 46 |

◎の数字の多い順に並べたもの

| No. | アンケートの設問項目 | ◎ | ○ | ● | 無回答 |
|---|---|---|---|---|---|
| 18 | 適所に、駅務室などに通ずる非常釦の設置。 | 127 | 347 | 243 | 35 |
| 25 | 券売機の側に点字の運賃表を設置する。 | 122 | 264 | 431 | 35 |
| 3 | 手摺りには現在位置、行先を点字で表示。 | 122 | 269 | 406 | 55 |
| 43 | 男用便器、視力にはストール型か手摺りを付ける | 115 | 270 | 446 | 21 |
| 56 | 電車内に電光表示による車内案内板の導入。 | 106 | 252 | 449 | 45 |
| 46 | 鏡の位置も低いものも必要。 | 102 | 302 | 414 | 34 |
| 10 | 誘導ブロックの色は黄色が蛍光灯に良く反射する | 99 | 287 | 412 | 54 |
| 41 | ウォシュレットは機種に配慮、移動に手を置く所 | 95 | 263 | 455 | 39 |
| 13 | 駅舎の入り口や出口を知らせる為の盲導鈴設置。 | 95 | 263 | 438 | 56 |
| 9 | 誘導ブロックは柱、障害物から50cm以上離す。 | 94 | 264 | 428 | 66 |
| 27 | トーキングエイド（音声感知）式券売機の設置。 | 88 | 223 | 486 | 55 |
| 12 | 誘導部は線で。角、分岐、警告点は点ブロックに | 88 | 236 | 458 | 70 |
| 44 | トイレにおむつ交換のできるシートを設ける。 | 87 | 290 | 444 | 31 |
| 14 | 階段の上り口、最上段にも盲導鈴設置。 | 83 | 246 | 470 | 53 |
| 11 | 誘導ブロックはホーム、トイレまで全構内に。 | 82 | 256 | 454 | 60 |
| 28 | 窓口の前のカウンターに点字による窓口名の表示 | 81 | 271 | 457 | 43 |
| 49 | 手ぶらで話せるスピーカーホン付きも一台。 | 77 | 268 | 466 | 41 |
| 15 | 券売機にも盲導鈴設置。 | 70 | 235 | 492 | 55 |
| 29 | 窓口には手話通訳を置く。 | 61 | 189 | 541 | 61 |
| 50 | 公衆ファクスの設置。 | 53 | 182 | 444 | 73 |
| 53 | 待合室にも、授乳室を設ける。 | 42 | 203 | 558 | 49 |
| | | | | | |
| | | | | | |
| | | | | | |
| | | | | | |

(6) 56項目以外の要望意見

〈別紙１－６〉

平成 7 年 12 月 15 日

# 阪急伊丹新駅に関する要望意見

（５６項目以外のもの）

| エレベーターに関するもの | 件数 |
|---|---|
| １，絶対に設置して欲しい。（近くに、または2台必要を含む） | ２２ |
| ２，手前から乗って向う側に降りられるもの。 | 1 |
| ３，内部の操作釦は点字のものも | 1 |
| ４，内部の操作釦は車椅子の届く低いところに。 | 1 |
| ５，斜行エレベーターなどはどうか。（趣向として） | 1 |
| ６，エレベーターは駅（ホーム）の中央に。 | 1 |

| エスカレーターに関するもの | |
|---|---|
| １，是非設置して欲しい。 | １３ |
| ２，昇りも下りも、往復付ける。 | 7 |
| ３，無人の時は停止、人が近寄れば動くものがよい。 | 2 |
| ４，乗る練習させて欲しい、乗り移るのが怖い。 | 1 |
| ５，右に寄れ（左をあける）と言われるが左しか寄れない。 | 1 |

| トイレに関するもの | |
|---|---|
| １，洋式を増やして欲しい。（和式なら前に手摺り） | 5 |
| ２，付添いと入られる男女共用のものが（車椅子）が必要。 | 3 |
| ３，大人用のおむつ交換所を。 | 3 |
| ４，トイレを清潔に。 | 3 |
| ５，シビンの洗い場所を設けて欲しい。 | 2 |
| ６，車椅子用は男女別に。 | 1 |
| ７，荷物を置く台を設ける。（余り高くないところ） | 1 |
| ８，車椅子用は各階に複数設置。 | 1 |
| ９，排水釦はなるべく判り易いように。 | 1 |
| ９，手洗い栓はセンサー式に。 | 1 |
| 10，手洗い栓はセンサー式は不便。（体が通ると水が勝手に流れる） | 1 |
| 11，トイレットペーパーを設置。 | 1 |
| 12，待合室もトイレを設置。 | 1 |
| 14，トイレは判り易い場所に。 | 1 |
| 15，トイレの手摺りは伸縮性のもの。 | 1 |
| 16，洗面器は便器と離す。 | 1 |

## 手摺りに関するもの

1，両側と中央にも設ける。 4
2，下りと昇りを2：1くらいで区切る。 2
3，位置は腰よりやや高めの所に。 1
4，手摺りは丸パイプが良い、上部が平らなものは埃がたまる。 1

## 階段に関するもの

1，蹴上面に照明を付ける。 2
2，踏面は滑り難い床材を使用する。 1
3，階段の長い時は途中に踊り場を。 1
4，階段の初めと終りの3段程は色違いのブロックにする。 1
5，券売機が2階なら階段下に連絡釦を。 1
6，狭くても手摺の近くを専用通路が出来ないか。 1
7，ラインを設けて時間帯により障害者専用にする。 1
8，ラッシュ時だけでも右側通行にしたら。 1

## 誘導ブロックに関するもの

1，ブロックは凹凸型に代わるものはないか。 2
2，ブロックすべて線ブロックに。 1
3，ブロックはぬれると滑りやすい。 1

## 料金表に関するもの

1，文字を大きめに。 （弱視者は見えにくい。 低いところにを含む） 6
2，券売機の電光表示の黒バックに赤．白バックに黒ともに見にくい
黒バックに黄がよい。 1
3，時刻表は1階にも掲示する。 1

## 公衆ファックスに関するもの

1，公衆ファックスの設置。（ホームにも設置を含む） 6

## 案内．放送に関するもの

1，放送は大きめに。 1
2，盲導鈴や非常用釦は耳ざわりにならないように。 1
3，案内板は英語の外に日本語も。（スイッチ釦など） 1
4，電車の遅れなどを知らせる電光板設置。 1

## 改札口に関するもの

1，ベビーカーの通れる広さに。（車椅子も） 4
2，せめて2ヶ所くらいに設ける。 1
3，駅務室側を障害者専用に。（優先） 1

## ホームに関するもの

1，危険なところに柵を設ける。 1
2，待合室は冷暖房に。 1
3，ホームと電車の間が広い。（塚口） 4
（踏板をつけて発車時に外す）
4，ホームからわが街が見渡せるようにし、柵や壁をつくらない。 1

## 駅舎に関するもの

1，非常用のためにもスロープ必ず設ける（緩やかに） 14
2，駅舎は1階に。 4
3，コンコースにバスの時刻表を掲示。（パタパタめくれるもの） 3
4，椅子を各所に置く（あちこちに） 5分でも待つのがつらい。 3
5，長椅子もほしい。（一寸横になれるような） 2
6，片足曲がらない人も坐れるような椅子はないか。 1
7，一人でも出掛けられるようにヘルパーをおいてほしい。 1
8，駅に車椅子の常置。 1
9，駅全体の案内図の掲示。 1
10，GM装置の設置。 1
11，コンコースは広くて待合せに適したものに。 1
12，コンコースに市内の各所案内や気象ニュース用のTVモニターを。 2
13，広告板に阪急及び五私鉄沿線の美術展とハイキング情報を。 1
14，障害者用設備には、その設備の必要性のPR文をつける。 1
15，駅内に福祉事務所や身障会の分室を置きボランティアを頼めるように 1
16，外面に壁画などはどうか。 1
17，構内は明るく。 1
18，おシャレな駅舎に。 1
19，障害者用設備が浮き出ないように。（全市民を対象にする） 1
20，車椅子者の利用を前提にすれば殆の人が便利だと思う。 1

## 電車に関するもの

1，ベビーカーや車椅子のままで乗れるように。 3
2，車内に身障者専用スペースを。 1
3，座席に仕切りをつければ定数の席が確保できる 1
4，災害のときこそ優先座席の確保を。 1
5，冷房がきつくて降りるときに降りれない時がある。 1
6，ラッシュ時には車椅子用のスペースを少しでもとってほしい。 1

## 駅前に関するもの

1，バス停と駅の間を短距離に。（雨にぬれずに行けるよう含む） 4
2，駅近くに（障害者）車椅子専用の駐車場を。 2
3，駅近くに下肢専用の駐車場を。（車椅子とは別） 2
4，駅舎の中に駐輪場を。（今の料金高い） 2
5，車椅子用の駐車(輪)場を設置してほしい。 1
6，駅近くの自転車の取締り強化。 2
7，自転車と歩道を仕切る。 1
8，駅へ行くための市バスの改善。 1
9，バスの階段は高すぎる。 1
10，スの時刻表が見づらい、字が小さい、場所が高い。 1
11，バス停の椅子を一般と障害者用と分けてほしい。（先を越される） 1
12，駅前（市バス停近く）に団体観光バスの乗降場を。 1
13，駅舎とショップマーケット（コンビニ）の一体化。 2
14，駅舎に自動販売機を置く。 1
15，中心街や駅付近に公衆トイレを。 2
16，全構内禁煙（歩きタバコも）妊婦他のため。 1
17，伊丹駅らしいオリジナル、ルールを作っては。 1
18，駅前にたくさんの緑を。 1
19，信号の場所の歩道を平面に近いようにしてほしい。 1
20，人の集まるところには交番の設置。 1

## 今回の問い掛けに無関係のもの

1，団地の近くに郵便局と銀行ができたら。 1

以　上

## 2．「障害者」とともにバリアフリーを考える伊丹市民の会

### (1) アンケート用紙

〈別紙２－１〉

**「出来たらいいな!こんな駅」アンケート**

新しい伊丹駅がどのようになってほしいかご意見をお聞かせ下さい。皆様のご意見を精一杯、行政や事業体に伝えて行きたいと考えています。どんな些細な事でも結講ですのでお聞かせ下さい。

＜Ⅰ＞　これまで「駅」を利用する時に困った事はありますか?
① はい　② いいえ

＜Ⅱ＞　＜Ⅰ＞で　①はい　と答えた方にお聞きします。
①どんな事で困りましたか?

②どうすればそれを解決できると思いますか。

＜Ⅲ＞　新しい駅はどんな駅になってほしいですか？

＜Ⅳ＞　新しい駅について意見を言う機会があれば参加したいですか？
①参加したい
②参加したくない

＜Ⅴ＞　その他どんな事でもお聞かせ下さい

＜Ⅵ＞　あなたは？
①性別―(ア)男性　(イ)女性
②年令―(　　　)才代
③障害の有無を含めてご自身を表現できるメッセージは？
(該当するのに○印をつけてください)
(ア)障害がある―部位(　　　　　　)
補助具(　　　　　　)
(イ)障害はないが―　・腰がいたい　・膝がいたい
・足がしびれる・手がしびれる
・耳が聞こえにくい
・視力が衰えてきた
・妊娠している
・ベビーカーを使うことがある
・杖を使うことがある
(ウ)障害はなく元気ハツラツ！
(エ)その他　(　　　　　　　　　)

＜Ⅶ＞　さしつかえなければお聞かせ下さい

① 御住所

② お名前

ありがとうございました

(2) アンケート結果１

〈別紙２－２〉

# 身体状況内訳

・腰が痛い　・膝が痛い　・足がしびれる　・耳が聞こえにくい
・視力の衰えを感じる　・ベビーカーを使っている
・病後である　・杖をついている　・体力の減退を感じる　他

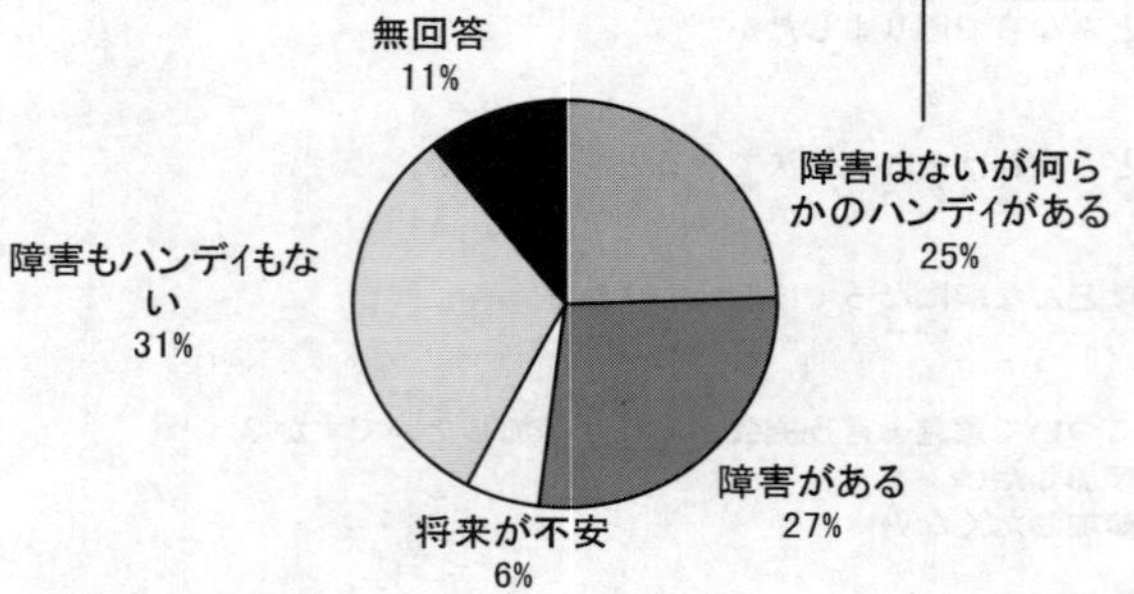


＜４０代＞・今は元気だが将来は…
・目のかすみや腰痛など障害予備軍
・いつどのような形で障害者になるかわからない
・障害は無いがみんなの問題です
・いつかみんな年寄りになるのです

＜５０代＞・体力、脚力減退中
・やがて障害を持つかも知れぬと
・近い将来は多分～
・やがて年をとり、足や腰が痛くなると思う
・高齢化して運動機能が低下した時にも楽しく街に出ることができる落ち着いた街づくりを
・障害はないが元気でもない

＜６０代＞・障害はないが、体力は標準以下
・老化しているので毎日が不安
・いずれ障害はあるようになる

＜７０代＞・年をとると誰もが障害者になる
・年をとった時の事を考えると不安
・元気だが高齢なので

＜８０代＞・老人も幼児も移動するのだ

(3)　アンケート結果2

〈別紙2－3〉

# アンケート集計結果(抜粋)

回収　３６６　／　配布　１８５７

＜Ⅰ＞これまで「駅」を利用する時に困った事がありますか？

| は　い | い　い　え | 無　回　答 |
|---|---|---|
| ２５９ | ９８ | ９ |

＜Ⅱ＞①どんな事で困りましたか?

・階段の上り下り（妊娠時、ベビーカー使用時）
・ホームと車両の段差が大きい
・トイレが汚い
・料金表が見えにくい
・アナウンスが聞こえにくい
・案内サインが少ない
・雨の日にホームで滑りそうになった
・聴力に障害があるため普通の電話が使えなかった
・発車のベルが聞こえないために電車に乗り遅れた
・自転車を置く場所が少ない
・駅まで行くバスに乗れない（車椅子利用者）
・その他

②どうすれば解決できると思いますか

・エレベーター,エスカレーターの設置
・スロープの設置　　・案内サインの充実
・市民の意識の向上　　・字幕情報の充実
・滑りにくい床材を使用　　・FAX電話の設置'
・電光掲示板の設置　　・リフトバスの運行
・その他

＜Ⅲ＞どんな駅になってほしいですか

・みんなに優しい駅（駅員さんも含めて）
・みんなが使いやすい駅
・プラットホームの広い駅
・エスカレーターは昇りも下りも
・駅周辺の明確な地図がほしい
・出入り口がたくさんあってほしい
・”伊丹らしさ”のコーナーのある駅
・その他

＜Ⅴ＞どんな事でもどうぞ

・駅の中に託児所を作ってほしい.
・道路を整備してほしい
・エレベーターはわかり易い場所につけてほしい
・市の窓口を伊丹駅の中に設けてほしい
・＜伊丹⇔梅田＞の直通電車を走らせてほしい
・憩える場所を作ってほしい（駅前広場を含めて）
・ベンチの数を多くしてほしい（ホーム、駅前広場とも）
・その他

# 〈事後評価アンケート結果〉

〈別紙３－１〉

**阪急伊丹駅アメニティ施設評価結果**

| 施設 | | 計画時における配慮事項 | 快適評価 1) | 指摘事項 |
|---|---|---|---|---|
| 駅ビル全体 | | ・駅ビルの「顔」となる北側出入口からの出入りを主動線として考え、駅前広場に近い位置に垂直移動施設（エレベーター、エスカレータ）を設置する。<br>・駅ビル·駅前広場·周辺建物間の人の移動が円滑にできる様に、わかりやすく使いやすい位置に施設を配置する。<br>・周辺建物と駅ビルを結ぶペデストリアンデッキにスロープを設けることにより、既設のデッキでは不可能であった車いすの利用を可能とする。 | 66% | ― |
| 移動施設 | 北側のｴﾚﾍﾞｰﾀｰ | ・北側入り口の近くに地下から屋上駐車場までをつなぐ２基のエレベーターを設置。<br>・障害者·高齢者、健常者が利用しやすいように１５人乗り、２１人乗りのエレベーターを設置。<br>・音声によりエレベーターの到着を知らせる。<br>・押しボタンの位置を触知できるように凸凹をつける。<br>・外部から内部が見れるように配慮。 | 49% | ・押しボタンの色をわかりやすくした方がよい。<br>・エレベーターのピクトが小さい。<br>・フロア案内　大きく、はっきり。ＥＶ表示を左・右両方に。<br>・鉄の骨格が美観上もう１つ良くない。汚い。<br>・外側のボタンの位置が中央にあり、ドアを開けつづけていたい時等は不便。<br>・広くて乗りやすい。 |
| | ３階までのｴｽｶﾚｰﾀｰ | ・上り、下りの両方向のエスカレーターを北側入り口に近い主動線上に配置。<br>・水平部分３段を持つ乗り降りしやすいエスカレーターの設置。 | 47% | ・サインシステムの大きさ（小さすぎる）、色使い（もう少し工夫ができる）。<br>・２Ｆ～３Ｆへの上りエスカレーターの下り場付近に柱があるため、駅改札口からの乗客がこの付近で混雑している。エスカレーターの向きを上、下逆にすればどうか。<br>・上りはよいとして下りは高所からだからこわい感じが強い。幅がもう少しほしい。エレベーターの位置を分かり易く、南側もあるとよい。 |
| | ﾌﾟﾗｯﾄﾎｰﾑ前のｽﾛｰﾌﾟ | ・プラットホームと３階の床面を 1/12 勾配のスロープでつなぎ、滑りにくいタイルを使用。 | 34% | ・出来れば段差がない方が良かった。<br>・車イスは、スムーズに通れるのですか。<br>・足が悪いため坂が一番こたえる（足首が痛いため）。<br>・下りが少しこわい。<br>・足の悪い者にとっては少々あるきにくい。 |
| | 手すり | ・誰もが使いやすいように、床から 65 ㎝と 85 ㎝の位置に手すりを設置。 | 29% | ・幅が狭い。<br>・できるのであれば木のぬくもりのある手すりのほうがいい。<br>・降りる時に降りにくかった。 |
| | ３階の床 | ・滑りにくい材質の床仕上げにする。 | 37% | ・鉄板部はすべりやすそうである。<br>・移動距離がありすぎる。改札口の近くにＥＶがあれば。<br>・床のカラーコーディネイトが問題。<br>・クロープがきつく車イスではしんどい。<br>・滑り止めで歩き易い。 |

1)　アンケート結果から「非常に快適」および「快適」と回答のあった比率。

| 施設 | | 計画時における配慮事項 | 快適評価[1] | 指摘事項 |
|---|---|---|---|---|
| 移動施設 | 拡幅型自動改札 | ・車いす使用者、杖使用者、荷物を持った人などが楽に利用できる自動改札を設置。<br>・通路幅 95cm の自動改札を 1 基設置。 | 73% | ・ホームへの入り口方向にセットされているが駅舎への方向は駅員にたよらない方法がのぞましい。<br>・いろいろ駅員に聞きたい人が詰まると車いすは通れない。もう 1 つ別の箇所に。<br>・反対側から使おうとして、手前のバーが閉まっていると作用しないのが困る。<br>・つえを持っているので右、左に入れる所があればと思う。 |
| | ﾌﾟﾗｯﾄﾎｰﾑのﾍﾞﾝﾁ | ・雨のあたらない待合施設としてホーム上にベンチの設置が計画され、雨・風については屋根・壁によりさえぎるように配慮。 | 41% | ・低い。いすに座れないので 2～3 個高いいすがあればと思う。<br>・塚口駅のように待合室があったほうが良い。<br>・もう少し高いいすがほしい。<br>・すべりやすく安定感がない。材質を考え直してほしい。<br>・冬は暖かい座ぶとんか、敷物がほしい。 |
| 情報装置 | 音声触知図板 | ・鉄道施設（券売機、改札口、ホーム等）の位置を案内するだけでなく、駅ビルの総合案内もできる機能とする。3 階の施設案内とともに音声より駅ビル全体の案内ができる機能を付加。<br>・視覚障害者だけでなく、誰でもが使いやすい案内板とする。<br>・3 階のハートフルプラザとインターホンで接続。 | 59% | ・設置の位置がわからない。 |
| | 入線・出発案内 | ・ホーム上での入線・出発案内はこれまで案内放送のみで伝えていた情報を、聴覚障害者への情報伝達のために文字を使って伝達する。 | 83% | ・改札付近にもほしい。<br>・全駅にほしい。阪急の従来の案内には時刻表がないため。<br>・出発がどちらのホームか分かりにくい。<br>・斜度がつけられており、車いすの方の視線から親しみやすい。<br>・ホームの線路側近くにある方が角度がほしいと思う。<br>・2 階か 3 階の階段上くらいにも欲しい。1 分位なら急げる。 |
| | 案内放送 | — | 83% | ・視覚障害者がホームに来た時どちら側が乗車できるのか明示するシステムがほしい。<br>・何両なのか、表示があると良い。どこの位置に車いすが乗ればよいかのため。<br>・ややうるさいことがある。 |
| | FAX 付き電話 | ・聴覚障害者に配慮して FAX 機能のついた電話を設置。（発信） | 83% | ・用紙、筆記用具もそろえていてほしい。サービスしてほしい。<br>・初めのうちはなかなか通じなかったり、トラブルが多かった。100 円はとても高い。今は改札の人にたのんだら安くなるとか、無料とか聞きましたが、（聴障者）無料でなくてよいので電話と同じ 10 円で利用出来る様にしてほしい。<br>・料金が高すぎる。スムーズにかからない時がある。 |
| | 点字案内板 | ・視覚障害者のための案内表示として点字案内板を 1 階から 3 階のエレベータホールに設置。<br>・触知図案内版とし健常者も利用できるように地図との併用とする。<br>・点字案内施設として、運賃表示、階段手すり、改札口内の便所にも設置。 | 66% | — |

1） アンケート結果から「非常に快適」および「快適」と回答のあった比率。

| 施設 | | 計画時における配慮事項 | 快適評価[1] | 指摘事項 |
|---|---|---|---|---|
| 情報装置 | 音声ｶﾞｲﾄﾞｼｽﾃﾑ | ・１階から３階のエレベータ前、点字案内板、改札口にスピーカを設置し、それぞれの地点を誘導ブロックで結ぶものとする。<br>・各階の施設案内については、点字案内施設、音声触知図案内板で案内するものとする。<br>・音声ガイドは、誘導ブロック下のセンサー方式と小型発信機利用型の併用とする。<br>・従来、阪急の駅で利用されていた盲動鈴との併用とする。 | 50% | ・スピーカーの音が聞こえにくい。 |
| 利便施設 | 授乳室 | ・利用者の中で赤ちゃんをつれた夫婦やお母さんが子供の世話をするために授乳室を設置する。<br>・ソファーを設置することにより、介護の必要な高齢者・急病人などの世話にも対応可能とする。 | - | — |
| | 旅客ﾄｲﾚ | ・高齢者・障害者に配慮したトイレを改札内に設ける。<br>・トイレ内にベビーキープ、ベビーシート、汚物流しを設置。 | 80% | ・トイレットペーパーがない。<br>・トイレのレイアウト明示がない。車いすのトイレの立ち上がり手すりは不適切。<br>・ドア（車いす用）が重くて開けられない。<br>・探したけれども、1、2F はトイレが見つからなかった。設置していないのはなぜか。<br>・男女別に車いす用トイレが用意されている。<br>・様式トイレ、車いす用トイレが有り助かる。<br>・車いすトイレ左が、手すり右が壁で私には（前向きで入るので）狭いので、少し使いづらい。 |
| | ベビーキープ | — | - | ・荷物を置いて利用している。ベビーに限らず利用価値がある。 |
| | 屋上駐車場 | ・駅ビルの屋上に設置されている障害者用駐車場マスから、屋上のエレベーターまで雨に濡れずに移動可能な施設を設置。<br>・障害者用駐車場マスからエレベータまでの動線をなるべく短くし、上屋をかける。 | 86% | ・一般駐車場はあいているのに、身障者用バースを利用されていた。モラルが低い。<br>・出入口が自動ドアではない。引き戸などの工夫が必要。<br>・屋根があるところが非常によい。<br>・排水用の溝が目立たない→段差をなくすか、警戒色で目立たせる必要はある。駐車場清算機が高すぎて車イスが使えないのではないか。<br>・真ん中にもスペースがあるとなお良い。屋根があるのは良い。<br>・駐車場スペース（ゼブラ部分で書き方が悪い）。<br>・駐車場代が高い。エレベーターで上るのはこわい感じがする。<br>・１度利用したら２度と使いたくない。 |

1)　アンケート結果から「非常に快適」および「快適」と回答のあった比率。

〈別紙３－２〉

障害種別の快適評価（アンケート調査による「非常に快適」および「快適」の比率を示す。）

障害種別の北側エレベーターの使いやすさ

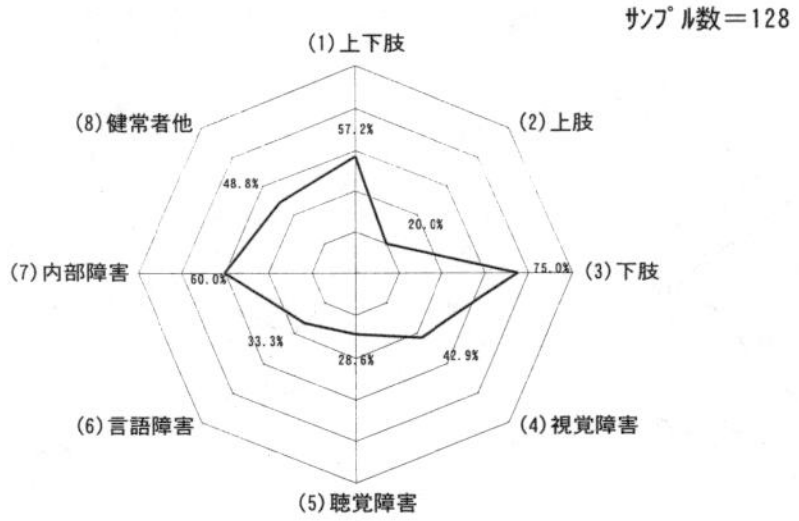


障害種別の３階床の使いやすさ

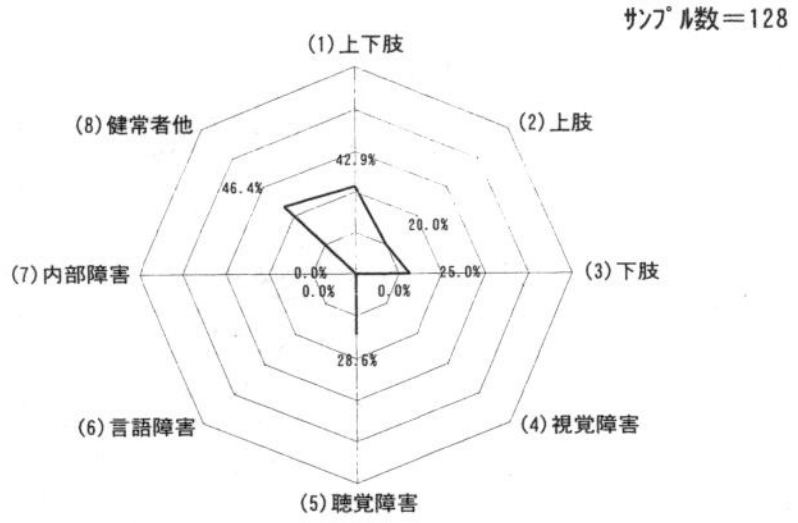


障害種別のエスカレーターの使いやすさ

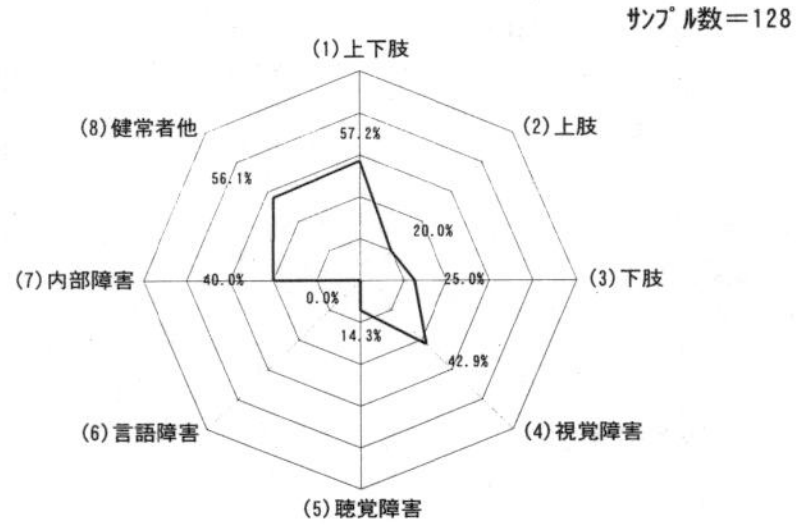


障害種別にみた入線・出発案内表示の使いやすさ

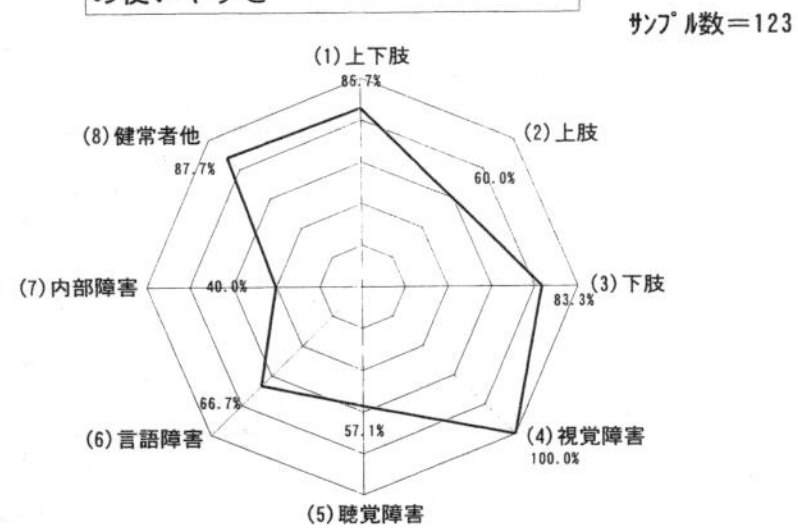


障害種別のスロープの使いやすさ

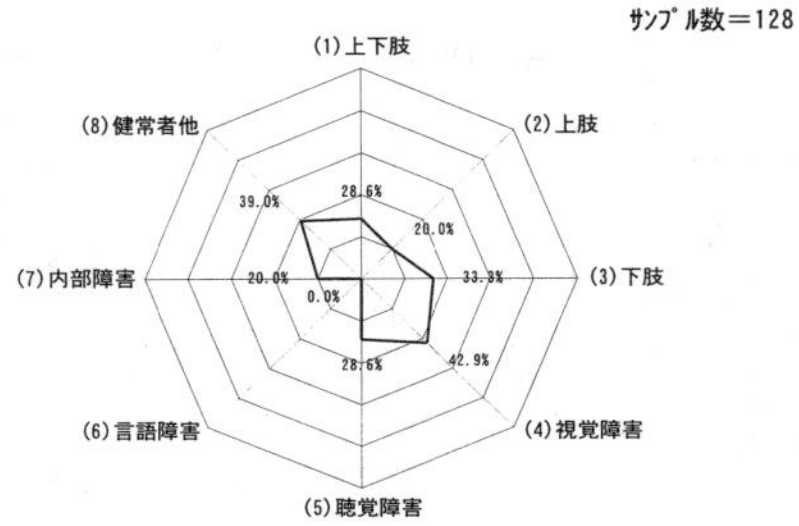


障害種別にみた案内放送の便利さ

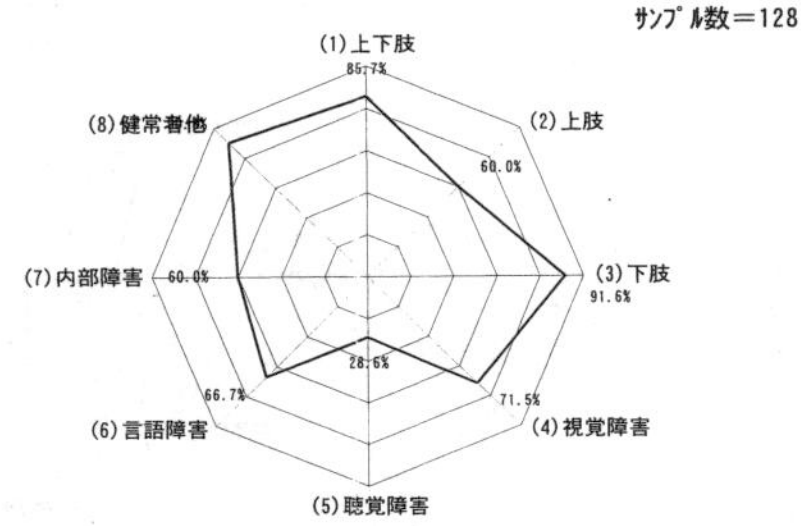

障害種別の改札内トイレの使いやすさ

サンプル数＝69

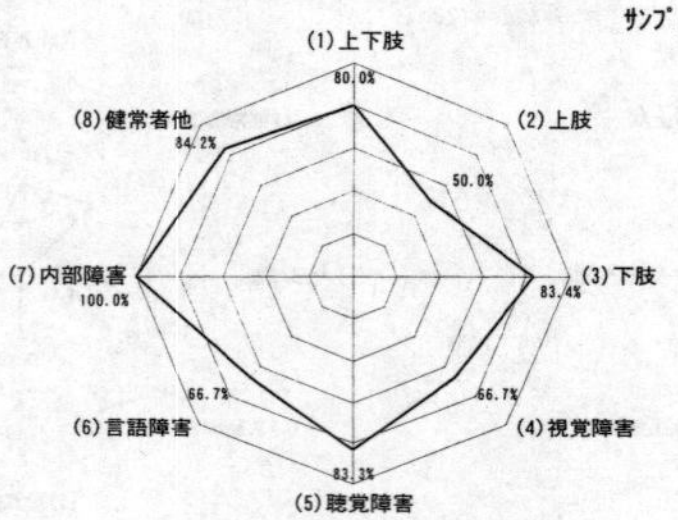


障害種別の屋上駐車場の使いやすさ

サンプル数＝128

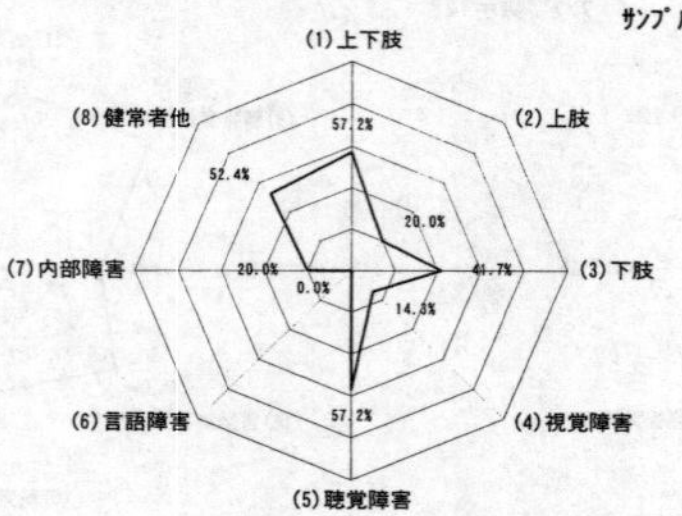


障害種別の１階入り口から３階プラットホームまでの移動のしやすさ

サンプル数＝128

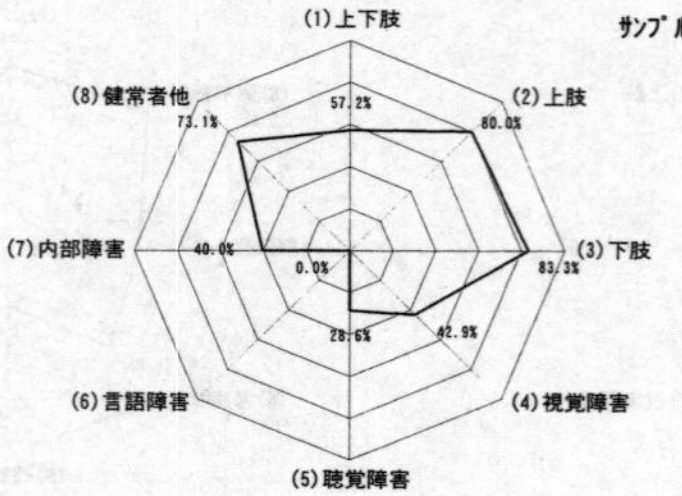

# すべてにやさしいまちづくりに向けて

## ―阪急伊丹駅及び周辺整備事業―

伊丹市長　松下　勉

本格的な「地方の時代」、「市民の世紀」と言われております二十一世紀。

今後、社会は少子高齢化や成熟化が進み、安全で安心して暮らせるまちであることが、より一層求められてまいります。本市におきましては、〝豊かな生活空間　人間性あふれる成熟社会をはぐくむ　市民自治のまち〟の実現のため、協働と参画、そして自治を基調に我々の愛するまち〝いたみ〟を発展させていくよう努めております。

市制六十周年にあたる昨年十一月には阪神・淡路大震災の復興事業として進めてまいりました阪急伊丹駅前広場、歩行者優先道路等の周辺整備が竣工致しましたが、平成十年十一月の阪急伊丹駅ビル『リータ』の完成と合わせ、大震災以来五年十か月ぶりに重点復興地域として指定しておりました阪急伊丹駅周辺地区の整備が完了致しました。

ふりかえりますと、平成七年一月十七日、あの阪神・淡路大震災が発生し、未曾有の被害からの早期の復旧・復興のため、同年三月に、伊丹市震災復興緊急整備条例を制定し、「市長、市民及び事業者は、市街地の復興にあたっては、震災の教訓を生かした災害に強いまちづくりの形成を協働して行う……」との基本理念を明らかにし、阪急伊丹駅周辺地区を重点復興地域として指定しました。

また、七月には伊丹市震災復興計画を策定し、まちの復興、くらしの復興の施策体系を明らかに致しました。その中で、この重点復興地域の早期復興のための主要計画として、鉄道・駅舎の耐震性の強化をはかるとともに、中心市街地における災害応急対策活動の拠点としての役割を果たせるよう、防災機能の強化を目指し、具体的には、中心市街地にふさわしい鉄道駅舎

（阪急伊丹駅）の再建、駅前広場の再整備、商業ビルの再建、防災機能の整備を図ることと致しました。

市議会におきましても、震災復興対策特別委員会が再々開催され、また市民懇話会等でも広範囲な議論が活発に展開され、貴重なご意見を賜りました。

さらに、その具体計画にあたっては、交通エコロジー・モビリティ財団のご支援をいただき、『阪急伊丹駅アメニティターミナル整備検討委員会』が設置され、整備の基本方針及び整備計画が策定され、続いて『阪急伊丹駅内外歩行者快適化委員会』を組織し、阪急伊丹駅周辺地区歩行者快適化計画を策定するなど、利用者代表をはじめ多くの関係者のまさに参画と協働を得て、全国に誇り得るアメニティターミナルとしての計画づくりがなされたのであります。

駅前広場は、ターミナルとしてバスの総合案内情報やペデストリアンデッキ、通り抜け型エレベーター、音声ガイドシステムなど、人にやさしく、利用しやすく、くつろげ、わかりやすい広場として整備しております。また、駅前広場北側には、阪急伊丹駅周辺の復興事業の竣工と大震災の記憶を風化させることなく、ともに安心して暮らせる心豊かなまちを市民一人ひとりが力を合わせてつくりあげようという決意のあかしとして『震災復興記念モニュメント』を建立しております。

さらに、駅ビルには、誰もが利用しやすいバリアフリーとアメニティ整備は当然のこと、市政情報の提供やボランティア活動の情報交換等の場として、市立情報サービスセンターと市立伊丹阪急駅ビル在宅介護支援センターの機能を中心とした複合施設『ハートフルプラザ』も設置しております。

今後、このターミナルが本市の西の玄関として内外の豊かな交流と魅力ある活性化に大きく寄与し、二十一世紀に向けたユニバーサルデザインの施設として、ターミナルのあり方のインセンティブに、また、復興のシンボルであると同時に協働と参画のシンボルとして、ハートフルな人々の行動の発信源となるよう期待も致しております。

本事業推進にあたり、関係各位から絶大なご支援・ご協力、熱意溢れるご参画をいただきました。皆様方に深く敬意を表しますとともに厚くお礼申し上げます。

―阪急伊丹駅再建を振り返る―

# すべての人にやさしい鉄道を目指して

阪急電鉄株式会社　代表取締役社長　大橋　太朗

一九九五年一月十七日未明に発生した阪神・淡路大震災は、未曾有の大被害を当社にもたらしました。なかでも伊丹駅は、駅部の高架橋が全壊したほか、駅部への取り付け区間の損壊も大きく、当社で最も被害が大きかった施設の一つでした。

被災後の対応としましては、一日も早く運転を再開するため、まずは約四百メートル塚口方に仮設ホームを設置して、三月十一日から営業を再開いたしました。一方で本格的な伊丹駅の再建は、「復旧」という思想ではなく、新しい駅を一から「建設」するという考え方で取り組むことにいたしました。そして、建設にあたっては、伊丹市施行の駅周辺整備事業と連携を図るとともに、交通エコロジー・モビリティ財団からアメニティターミナル整備事業のモデル駅に選定していただくなど、各方面のご協力を得ながら駅整備を進めることができました。

まずアメニティの面では、伊丹駅アメニティターミナル整備検討委員会が組織され、「すべての人にやさしい」駅づくりを目指して、行政機関の方々や高齢者・障害者の代表を含む利用者の方々に基本計画策定の段階からご参加いただき、委員長の三星昭宏教授と副委員長の田中直人教授のご指導のもと、協働して駅のあり方の検討が進められました。こうした取り組みは初めてのことでありましたが、委員会におきましては、当社がこれまで気付かなかったような貴重なご意見・ご指摘を頂戴するとともに、利用者の方々にも鉄道事業者や行政機関の実情についてご理解を深めていただくことにもつながり、相互の理解がより一層深まったものと考えております。

また、駅周辺整備事業との連携では、伊丹市施行の駅前広場等とも一体的なバリアフリー化に取り組み、先般制定された

「交通バリアフリー法」が目標とする、行政機関と鉄道事業者の協力による利用者の方々の円滑なモビリティを先駆的に実現いたしました。

このように多くの皆様のご支援・ご協力を得て、一九九八年十一月二十日に駅ビルが開業し、翌二十一日、三年十ヶ月振りに新しく生まれ変わった伊丹駅から始発列車が発車いたしました。

新しい伊丹駅は、地域社会のインフラとして、どのような設備を、どのような水準で、どのような負担の下に整備していくのかということを、各方面の方々がそれぞれの立場を越えた視点からの議論を尽くすことによって築いた、まさに新しいスタイルの駅であります。また、再建に向けた取り組みは、「震災からの復興」という共通の熱い想いから生み出された「駅づくり」における大きなブレークスルーであったと考えております。

今後は、この取り組みを進める中で頂戴したご意見・ご指摘を貴重なノウハウとして、今後の駅整備にも反映させるとともに、今回の経験を糧に、鉄道事業者として「すべての人にやさしい鉄道」を目指した取り組みを推し進めてまいりたいと存じます。

最後になりましたが、伊丹駅の再建にあたり、多大なご支援、ご協力を賜りました地元の皆様方をはじめ、国土交通省、兵庫県、伊丹市、交通エコロジー・モビリティ財団ほか各方面の皆様方にあらためて心より御礼申し上げます。

# みんなにやさしい駅とまち

## ―阪急伊丹駅再建を振り返る―

伊丹市身体障害者福祉連合会　会長　吉原　勝

阪神淡路大震災から六年の歳月、当伊丹市も行政、市民が一丸となって復興に心を寄せ合って励ましあい今日を迎えています。けれども、まだ震災の影響と思われる物質的、精神的痛手に苦しむ方々がおられることも現実です。

あの大震災の被害のなかでも特に伊丹市の玄関口である阪急伊丹駅が倒壊したことは市民のだれもが一様に驚いたものです。

阪急電鉄株式会社が駅舎の再建に向かって動き始められたなか、伊丹市と交通エコロジー・モビリティ財団、日本財団、有識者（大学教授など）各位とのチームワークで、アメニティターミナル事業「みんなにやさしい駅」阪急伊丹駅が平成十年秋に完成しました。

当身体障害者連合会としても駅再建に際し、会員の意見、要望を持ち寄る会議を開き、数回のアンケートもとり、市行政関係各位にお願いし、私たち障害者の代表も会議のチームの一員として参画することになりました。そして現に日頃電車を利用し活動している会員のなかから各障害別に代表を委員に選び、バリアフリー駅をめざし各々の立場と経験を発表しましたが、会員の意見と要望に対して積極的な取り組みとご尽力に嬉しい手応えを感じることができました。設計図からの検討会議、各委員会に出席し、同じテーブルについて、各界の方々の意見も伺うことができ、工事中の現場にまで案内され、説明を聞き、建設が順調に進展し期待の「みんなにやさしい駅」が完成。

ただ気にかかることは、駅の現場（駅員、商店員）で働く人たちのご要望、そして毎日ご利用の市民の声が反映されていたでしょうか。

これらのことについては、日建設計社が評価アンケートを集計いただいています。阪急伊丹駅完成に続いて、駅前バスターミナルと周辺整備の着手が始まり伊丹市のプロジェクト設計、計画に対しても私たちも参加させていただき、工事進行中に視察の機会を得ることもでき、順調に進行し平成十二年十一月完成。阪急伊丹線運行電車では、駅停車時に車両連結の隙間落下防止板を取り付けるなどの細心の安全を図っておられ、駅員さんの応対も親切です。市営バスでもバスターミナルからノンステップバスが現在九台走行しており年々増車しています。また、リフト付きタクシーも市内で多く走っていて市民にやさしいまちづくりが着実に進んでいます。

本年からはJR伊丹駅バリアフリーに関し、伊丹市と連携しエレベータ設置の工事がはじまりました。JR伊丹駅前も新しい展望がみえてきています。

このように私ども障害者連合会がチームの一員として、公共の施設建設の段階から参加し活動できるようになった大きな事由の一つは、重度障害者が自主的に外出するようになり、障害者が自立更正の実を示してきていることであると思います。

これまでは障害者自身が福祉施設、施策は自分たちも声をあげて参加することもなく他に頼りきり、要求だけしていればと考えていたのではないかと反省します。

社会情勢の変化と高齢化社会に急変しつつある今日、私たちハンデキャップをもつ者こそがいろいろな経験を生かし、先頭にたって行動をし、地域の人々との交流を深め、互いに助け合いが可能な情況をつくっていくことの大切さを痛感しています。

今こそ、私たち障害者団体も心を新たにして「共に生きるまちづくり」の実践を自らのものとして、真のチャレンジをしていけるものと考えています。

伊丹市福祉行政の暖かいご支援、そして伊丹市社会福祉協議会を中心に市民の皆さまの深いご理解、関係団体の長々と続く共に生きるまちづくりへの愛と根気の着実な歩みを心からかみしめ、信念をもって二十一世紀の障害者団体のあゆみを心新たに取り組んでいこうと思います。

「みんなにやさしい駅」阪急伊丹駅は、ハンディをもつ者が外に向かってもう一歩を踏み出そう、そんな大きなメッセージを送り続けてくれる駅だと思います。

〝ありがとう阪急伊丹駅〟

# 究極のバリアフリー駅をめざして

## —阪急伊丹駅における大震災から再建までの軌跡—

2001年9月10日　第1版第1刷発行

監　修　国土交通省総合政策局
交通消費者行政課

編　著　交通エコロジー・
発　行　モビリティ財団

発　売　株式会社大成出版社

東京都世田谷区羽根木1—7—11
〒156-0042　電話 03 (3321) 4131 (代)
http://www.taisei-shuppan.co.jp/





印刷　信教印刷

落丁・乱丁はおとりかえいたします。

ISBN4-8028-6428-0